最レベ
（最高レベル）

国語問題集

段階別

標準から最高レベルまで3段階で学べる。

小学**2**年

★中学入試に備えて、長文読解問題を収録!!

★分野ごとに**リビューテスト**（**復習テスト**）付!!

★最レベ**学力テスト**（全3回）にチャレンジ!!

奨学社

国語は生きる力を伸ばします。

中学受験のかぎは国語

自分の考えを「話す」。相手の意見を「聞く」。知識や経験を広げるために「読む」。考えをまとめるために「書く」。このようなことは、人と人とが理解し合い、生活していくうえでの基本となるものです。

そこで用いられる「言葉」や「文字」を正しく使いこなす能力は、生活のさまざまな場面で求められます。これは、中学受験を考えてみても、国語の学習だけにとどまらず、他教科においても重要な部分を占めています。とくに算数の文章問題では、速く正確にその題意を読み取り、何を求めないといけないのかをすみやかに判断しなくてはなりません。

しょうがく社では、このように中学受験のかぎを握る国語の重要性を充分に踏まえ、高度な読解力と表現力を養うとともに、豊かな感性と情緒を育む国語学習を実践します。生活基盤を築いていく国語学習を通じて、子供達が自ら成長する力＝生きる力を伸ばしてほしいからです。

もくじ

1 かん字を　読む

音訓の読みかえができる力をつける。音訓どちらか片方のみの読み方しかない漢字があることを学習する。また特別な読み方をする熟字訓を含め、日常の会話に熟語を正しく取り入れられる力を養う。

標準レベル

時間 10分

得点 /100

1 つぎの　かん字の　読み方を　書きなさい。【1つ3点・30点】

① 鳥が（　）鳴く。（　）
② 朝と（　）夜（　）
③ 雪が（　）多い。（　）
④ 前を（　）走る。（　）
⑤ 長い（　）冬（　）
⑥ 家に（　）帰る。（　）
⑦ 米を（　）買う。（　）
⑧ 南の（　）星（　）
⑨ 楽しい（　）話（　）
⑩ 聞いて（　）答える。（　）

2 つぎの　じゅく語の　読み方を　書きなさい。【1つ2点・24点】

① 雨雲（　）
② 黄色（　）
③ 遠足（　）
④ 天才（　）
⑤ 歌手（　）
⑥ 作文（　）
⑦ 汽車（　）
⑧ 新年（　）
⑨ 直線（　）
⑩ 教室（　）
⑪ 強力（　）
⑫ 電話（　）

3

―線の かん字の 読み方を 書きなさい。【1つ2点・26点】

① 同時―三回（　）（　）
② 公園―会社（　）（　）
③ 毎日―海草（　）（　）
④ 数字―教室（　）（　）
⑤ 土地―古池（　）（　）
⑥ 図工―国王（　）（　）
⑦ 谷川―合計（　）（　）
⑧ 体力―休日（　）（　）
⑨ 父母―毎年（　）（　）
⑩ 顔色―石頭（　）（　）
⑪ 丸太―子犬（　）（　）
⑫ 毛糸―右手（　）（　）
⑬ 小刀―風力（　）（　）

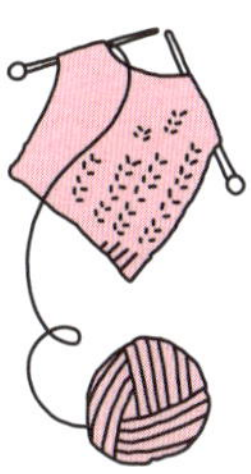

4

れいに ならって ―線の かん字の 読み方を 書きなさい。【1つ2点・20点】

れい
小魚を 食べた。（ざかな）
金魚に えさを やる。（ぎょ）

①
岩山に のぼる。（　）
白い 岩石を 見つけた。（　）

②
兄は みんなに 親切だ。（　）
親子づれの 馬を 見た。（　）

③
切手を 買う。（　）
この 本は 大切だ。（　）

④
今夜は さむい。（　）
夜空を 見上げた。（　）

⑤
ひ鳴を あげる。（　）
虫の 鳴き声（　）

ハイレベル

時間 15分

得点 /100

1 ―線の かん字の 読み方を 書きなさい。【1つ1点・20点】

① 外出（　）・町外れ（　）・外がわ（　）

② 字引（　）・引力（　）・引っこし（　）

③ 直角（　）・まち角（　）・角ぶえ（　）

④ 兄弟（　）・兄と姉（　）・兄さん（　）

⑤ 北西（　）・西国（　）・西日（　）・東西（　）

⑥ 作文（　）・作家（　）・作用（　）・手作り（　）

2 つぎの 読み方が ある かん字を □から えらんで、□に 書きなさい。【1つ2点・36点】

① チョウ…… □・□・□

② トウ…… □・□・□・□

③ コウ…… □・□・□・□

④ シン…… □・□・□

⑤ セイ…… □・□・□・□

高	心	鳥	当	声	答	西	長	新
朝	親	頭	光	晴	広	東	星	交

3 つぎの かん字の 読み方を 二通りずつ 書きなさい。【1つ3点・33点】

① 朝（　）（　）
② 国（　）（　）
③ 道（　）（　）
④ 原（　）（　）
⑤ 場（　）（　）
⑥ 里（　）（　）
⑦ 店（　）（　）
⑧ 友（　）（　）
⑨ 方（　）（　）
⑩ 毛（　）（　）
⑪ 馬（　）（　）

4 ―線の かん字の 読み方を 書きなさい。【1つ1点・11点】

① 体そうを すると、体が ぽかぽかして きます。
② 音楽を 聞くのは、とても 楽しい ことです。
③ 戸外とは 家の 外の ことです。
④ この 風は 南から ふいて くるのか、それとも、南西から ふいて くるのか。
⑤ うんどう会の あった 晴れた 日に、はじめて おばさんに 会いました。

最高レベル

時間 20分

得点 /100

1 つぎの じゅく語の 読み方を（　）に 書きなさい。【1つ2点・36点】

① 羽毛（　）
② 引火（　）
③ 遠出（　）
④ 正直（　）
⑤ 野外（　）
⑥ 馬子（　）
⑦ 晴雨（　）
⑧ 用心（　）
⑨ 新米（　）
⑩ 秋雨（　）
⑪ 手近（　）
⑫ 音頭（　）
⑬ 絵画（　）
⑭ 雨戸（　）
⑮ 読本（　）
⑯ 後日（　）
⑰ 大工（　）
⑱ 七夕（　）

2 ―線の かん字の 読み方を（　）に 書きなさい。【1つ2点・22点】

① 教える（　） 教わる（　）
② 食べる（　） 食う（　）
③ 歩む（　） 歩く（　）
④ 行く（　） 行う（　）
⑤ 少ない（　） 少し（　）
⑥ 直す（　） 直ちに（　）
⑦ 通る（　） 通う（　）
⑧ 交わる（　） 交じる（　）
⑨ 新しい（　） 新た（　）
⑩ 生まれる（　） 生きる（　） 生える（　）
⑪ 明るい（　） 明らか（　） 明ける（　）

3 □に 入る かん字を 下から えらんで ことばを 作り、（ ）に その 読み方を 書きなさい。【1つ4点・32点】

① 画□（　　）
② □外（　　）
③ 日□（　　）
④ □車（　　）
⑤ □社（　　）
⑥ □切（　　）
⑦ 船□（　　）
⑧ □図（　　）

記	汽	海	家	会	地	親	長

4 つぎの 文しょうを 読んで、後の もんだいに 答えなさい。

> [ア]で [イ]を とって いると、池の 方から ポチャンと いう 音が 聞こえた。「きっと [ウ]が とびはねて いるのよ。」と、母が いった。妹と いっしょに 池を 見に いくと、とても 大きな [ウ]が およいで いた。

(1) ㋐・㋑に 入る ことばを □の 中から それぞれ えらび、下に 読みがなを 書きなさい。【1つ3点・6点】

早朝・電話・野外

㋐（　　）

昼食・車道・台風

㋑（　　）

(2) ㋒に 入る かん字一字を 書き、下に 読みがなも 書きなさい。【1つ2点・4点】

㋒（　　）読みがな（　　）

2 かん字を　書く

送りがなに注意しながら、一字一字正しい筆順で漢字が書ける力を身につける。また、それぞれの漢字が持つ意味をとらえながら、熟字訓も正しく書きこなせる力を養う。

標準レベル

時間	10分
得点	/100

1 つぎの　かん字の　書き方で　正しい　ほうに　○を　つけなさい。【1つ4点・20点】

① 麦
㋐（　）一 = ‡ 丰 手 麦 麦
㋑（　）一 十 ‡ 丰 手 麦 麦

② 角
㋐（　）ノ ク 𠂊 角 角 角 角
㋑（　）ノ ク 𠂊 角 角 角 角

③ 万
㋐（　）一 ラ 万
㋑（　）一 ア 万

④ 止
㋐（　）丨 ト 止 止
㋑（　）- ト 止 止

⑤ 馬
㋐（　）一 厂 F F F 馬 馬
㋑（　）丨 厂 F F F 馬 馬

2 つぎの　かん字の　赤い　ところは　何番目に　書きますか。【1つ2点・32点】

れい　合　3

① 西　□
② 点　□
③ 妹　□
④ 記　□
⑤ 母　□
⑥ 弓　□
⑦ 魚　□
⑧ 戸　□
⑨ 光　□
⑩ 黒　□
⑪ 寺　□
⑫ 当　□
⑬ 半　□
⑭ 色　□
⑮ 船　□
⑯ 店　□

3 つぎの 二通り（とお）の 読み（よ）方（かた）を する かん字を 書き（か）なさい。【1つ2点・16点】

れい トウ・ひがし……（東）

① カイ・うみ……（　）
② ガン・かお……（　）
③ セツ・ゆき……（　）
④ ゲン・はら……（　）
⑤ チュウ・ひる……（　）
⑥ チョウ・とり……（　）
⑦ シュウ・あき……（　）
⑧ シ・かみ……（　）

4 □の 中に かん字を 書き（か）なさい。【1つ2点・32点】

① □（うし）には □（くろ）い もようが ある。
② □（ちか）い □（みち）を えらぶ。
③ □（ひろ）くて あたたかい □（ば）所（しょ）
④ □□（にんぎょう）を □（つく）った。
⑤ わたしの □（あに）と □（あね）です。
⑥ □□（けいさん）を してから、□（こた）えなさい。
⑦ 土□（よう）日に □（あ）いましょう。
⑧ □□（まいあさ） きちんと ごはんを □（た）べる。

ハイレベル

時間 15分

得点 /100

1 つぎの　ことばを　かん字　三字で　書き(か)なさい。【1つ4点・32点】

① つうこうにん……
② えにっき……
③ しんぶんしゃ……
④ いっしゅうかん……
⑤ りかしつ……
⑥ きょうにんぎょう……
⑦ にゅうどうぐも……
⑧ つうようもん……

2 □の　かん字を　組(く)み合(あ)わせて、一つの　ことばを　作(つく)りなさい。【1つ3点・24点】

① 図　室　書　↓（　　）
② 場　魚　市　↓（　　）
③ 目　五　行　↓（　　）
④ 画　紙　用　↓（　　）
⑤ 火　日　曜　↓（　　）
⑥ 池　用　水　↓（　　）
⑦ 家　音　楽　↓（　　）
⑧ 前　中　午　↓（　　）

3 つぎの かん字の 書き方で、正しい ほうに ○を つけなさい。【1つ4点・24点】

① 丸
（ ）乙 九 丸
（ ）丿 九 丸

② 母
（ ）く 口 日 母 母
（ ）く 口 母 母 母

③ 米
（ ）一 十 半 半 米 米
（ ）、 丷 䒑 半 米 米

④ 図
（ ）丨 冂 囗 囗 図 図 図
（ ）丨 冂 冂 冂 冈 図 図

⑤ 長
（ ）一 ｢ F F 巨 長 長 長
（ ）丨 ｢ F F 巨 長 長 長

⑥ 書
（ ）フ ヨ ヨ 聿 聿 書 書
（ ）フ ヨ ヨ ヨ 亖 聿 書

4 ——線を 引いた ことばを かん字に おくりがなを つけて 書きなさい。【1つ2点・20点】

① ボールを まとに あてなさい。（ ）

② 今から 時間を はかりましょう。（ ）

③ よく かんがえて こたえなさい。（ ）（ ）

④ すぐに 先生に しらせなさい。（ ）

⑤ それは お店で うって いません。（ ）

⑥ おもった ことを 手紙に 書きなさい。（ ）

⑦ わたしが おしえて あげましょう。（ ）

⑧ 立ちどまって ノートに しるした。（ ）（ ）

最高レベル

時間 20分

得点 /100

1 つぎの かん字は 何画ですか。（　）の 中に 数を 書きなさい。【1つ1点・20点】

①弟（　） ②曜（　） ③園（　）
④歌（　） ⑤紙（　） ⑥海（　）
⑦弱（　） ⑧後（　） ⑨食（　）
⑩姉（　） ⑪室（　） ⑫場（　）
⑬親（　） ⑭新（　）
⑮数（　） ⑯雪（　）
⑰前（　） ⑱頭（　）
⑲番（　） ⑳電（　）

2 「言」と「辶」が つく かん字を それぞれ 四つずつ 書きなさい。【1つ1点・8点】

① 「言」……□・□・□・□

② 「辶」……□・□・□・□

3 それぞれに 合う かん字を、四つずつ 書きなさい。【1つ1点・12点】

① きせつを あらわす かん字 □・□・□・□

② 方こうを あらわす かん字 □・□・□・□

③ 方がくを あらわす かん字 □・□・□・□

4

□の 中に かん字を 書き(か)なさい。【1つ2点・30点】

① □□(しゅんぶん)の 日に □□(とうきょう)へ □(い)った。

② □□(あす)は □□(ばしゃ)に のりましょう。

③ その □□(ちほう)で とれます。

④ □□(やちょう)について □(はな)した。

⑤ □□(こうだい)な □□(とち)

⑥ □□(ちゅうしょく)は □□(しょうご)に とります。

⑦ □□□□(しょうねんしょうじょ)合(がっ)しょうだん

⑧ □□□(はんとしご)に □□(つうち)します。

5

つぎの 文しょうの ——線(せん)の ところを かん字で 書(か)きなさい。【1つ2点・30点】

ふゆやすみに ちちと ふたりで りょこうを
した。あさはやくに でんしゃに のった。えきの
ばいてんで しんぶんしと ぎゅうにゅうを
かった。そとは、ゆきが ふって いて、とても
さむかった。
「にほんかいは まだ とおいの。」
と、ぼくは きいて みた。

3 かたかなの　読み書き

一年生で学習したことの復習を兼ねながら、間違えやすいかたかなの形に注意して、正確に読み書きができる力を養う。また、擬声語はかたかなで、擬態語はひらがなで書くということを、正しく理解する。

標準レベル

時間 10分
得点 /100

1 ひょうの　あいて　いる　ところに　かたかなを　書きなさい。【1つ1点・24点】

が	ガ	ぎ		ぐ		げ		ご	
ざ		じ		ず		ぜ		ぞ	
だ		ぢ		づ		で		ど	
ば		び		ぶ		べ		ぼ	
ぱ		ぴ		ぷ		ぺ		ぽ	

2 ひょうの　あいて　いる　ところに　かたかなを　書きなさい。【1つ1点・34点】

きゃ	キャ	きゅ	キュ	きょ	
しゃ		しゅ		しょ	
ちゃ		ちゅ		ちょ	
にゃ		にゅ		にょ	
ひゃ		ひゅ		ひょ	
みゃ		みゅ		みょ	
りゃ		りゅ		りょ	
ぎゃ		ぎゅ		ぎょ	
じゃ		じゅ		じょ	
ぢゃ		ぢゅ		ぢょ	
びゃ		びゅ		びょ	
ぴゃ		ぴゅ		ぴょ	

3 つぎの　ことばを　かたかなで　書(か)きなさい。【1つ3点・30点】

① すぴいかあ……（　　）
② くりっぷ……（　　）
③ れすりんぐ……（　　）
④ はあもにか……（　　）
⑤ があどれえる……（　　）
⑥ しゅうくりいむ……（　　）
⑦ きゃんぴんぐかあ……（　　）
⑧ こんぴゅうたあ……（　　）
⑨ ぷらすちっく……（　　）
⑩ すけっちぶっく……（　　）

4 なかまはずれの　ものを　見つけて、○を　つけなさい。【1つ3点・12点】

①
㋐（　）テレビ
㋑（　）ヨット
㋒（　）ラジオ

②
㋐（　）ココア
㋑（　）フランス
㋒（　）スイス

③
㋐（　）ピヨピヨ
㋑（　）ワンワン
㋒（　）パチパチ

④
㋐（　）ヘレンケラー
㋑（　）カスタネット
㋒（　）ナイチンゲール

ハイレベル

時間 15分

得点 /100

1 つぎの　ことばを、ひらがなで　書き(か)なさい。【1つ2点・20点】

① スイセン……（　　）
② ハクチョウ……（　　）
③ ツルンツルン……（　　）
④ ブルブル……（　　）
⑤ ガランガラン……（　　）
⑥ チョロチョロ……（　　）
⑦ ドンブリコ……（　　）
⑧ ゴロンゴロン……（　　）
⑨ ヒヤヒヤ……（　　）
⑩ ノソノソ……（　　）

2 □の　中の　ことばを　五つの　なかまに　分(わ)けて、かたかなで　書き(か)なさい。【1つ3点・30点】

① 食(た)べもの（　　）（　　）
② もの音（　　）（　　）
③ 国(くに)の名前(なまえ)（　　）（　　）
④ 生きもの（　　）（　　）
⑤ なき声(ごえ)（　　）（　　）

めえめえ　ぱたぱた　らいおん　ぶらじる　とうすと　けろけろ　ぺんぎん　ごとごと　べるぎい　めろん

3 つぎの □の 中に かたかなを 書き入れて、ことばを つくりなさい。【1つ2点・26点】

① ラ□プ
② セー□ー
③ オ□ガン
④ パイ□ップル
⑤ トラッ□
⑥ ペン□ン
⑦ ビス□ット
⑧ イギリ□
⑨ ト□カイ
⑩ マーガ□ット
⑪ ト□ンペット
⑫ チュー□ップ
⑬ クリス□スツリー

4 つぎの ことばに 一字ずつ まちがいが あります。まちがいの 字に ×を つけて、（ ）に ことばを 正しく 書き直しなさい。【1つ3点・24点】

① トテンプ……（　　）
② チョーケ……（　　）
③ フライペン……（　　）
④ カンガレー……（　　）
⑤ アンデルサン…（　　）
⑥ タソバリン……（　　）
⑦ バルリーナ……（　　）
⑧ ハンカテ……（　　）

最高レベル

時間 20分

得点 /100

1

つぎの 中で かたかなで 書く ことばに ○を つけなさい。【1つ5点・25点】

①（　）つめ　②（　）らじお

③（　）いんく　④（　）てぶくろ

⑤（　）きんぎょ　⑥（　）とけいだい

⑦（　）こくばん　⑧（　）あるばむ

⑨（　）ちゅういんがむ

⑩（　）ちょきんばこ

⑪（　）へりこぷたあ

⑫（　）きゅうきゅうしゃ

2

つぎの 文の 中で 書き方の まちがって いる ことばを さがして、よこに ——を 引きなさい。【1つ5点・25点】

① 弟は、ぐったりと つかれたので、一日中 ゴロゴロして いました。

② 遠くで いな光りが して、かみなりが ごろごろと なりました。

③ 妹は ミルクを ごくんごくんと 音を たてて、どんどん のんで しまいました。

④ ねこの 赤ちゃんは ぶるぶる ふるえながら、にゃおーと なきました。

⑤ 犬が ワンワン ほえてから、ノコノコ ついて きました。

3 つぎの 文しょうを 読んで、後の もんだいに 答えなさい。

とんとんと、戸を たたく 音が しました。

「どなたですか。」

べっどの 中に もぐって 本を 読んで いた ププは、大きな 声で たずねました。

でも、何の へんじも なく、雨が シトシト ふって いる だけでした。

「いったい、だれだろう。」

ププは おきあがると、そっと 戸を あけて みました。

すると、そこには ちんぱんじいの 赤ちゃんが いました。ブルブル ふるえながら、丸く なって いました。

(1) かたかなで 書く ことばが 三つ、ひらがなに なって います。書き直しなさい。【1つ10点・30点】

ひらがな　　　　かたかな
(　　　　)→(　　　　)
(　　　　)→(　　　　)
(　　　　)→(　　　　)

(2) ひらがなで 書く ことばが 二つ、かたかなに なって います。書き直しなさい。【1つ10点・20点】

かたかな　　　　ひらがな
(　　　　)→(　　　　)
(　　　　)→(　　　　)

リビューテスト ①

時間 10分
得点 /100

1 つぎの かん字の 書き方で 正しい ほうに ○を つけなさい。【1つ5点・15点】

① 強 ㋐（　）㋑（　）
② 歌 ㋐（　）㋑（　）
③ 番 ㋐（　）㋑（　）

2 ―線の かん字の 読み方を、書きなさい。【1つ5点・20点】

① 百科じてん（　　）
② わらい顔（　　）
③ 白雲（　　）
④ 風上と（　　）風下（　　）

3 つぎの 文を かん字と ひらがなを つかって 書き直しなさい。（かん字で 書く ところは、―を 引いて います。）【1つ8点・24点】

① シュウブンノ ヒハ、クガツニ アリマス。
（　　）

② ウミノ ヒハ、シチガツニ アリマス。
（　　）

③ ハハオヤハ、コドモニ アタラシイ クツヲ カッテ ヤリマシタ。
（　　）

4 つぎの 文しょうを 読んで、後の もんだいに 答えなさい。

川本さんの 家には レオと いう ㋐なまえの ㋑ばんけんが います。

レオは とても 大きく りっぱな 犬なのに、どういう わけか 虫が 大きらいです。とくに ありを こわがって、㋐コノマエ にわに ありの すが できた ときも、ずっと 犬小やの 中で 小さく なって いた そうです。

「どろぼうには ㋒つよきに なって とびかかるのに、へんな 犬でしょう?」

川本さんの おくさんは そう いって(★)と わらいますが、本当は レオが ㋓じぶんの 子どもの ように かわいくて しかたが ないのだと わたしは ㋑オモイマス。

(1) 「家」という字は 何画ですか。【5点】

□画

(2) ㋐〜㋓の ひらがなを かん字に 書き直しなさい。【1つ8点・20点】

㋐( ) ㋑( )

㋒( ) ㋓( )

(3) ㋐・㋑の かたかなを かん字と ひらがなで 書き直しなさい。【1つ4点・8点】

㋐( ) ㋑( )

(4) (★)に はいる ことばを つぎの 中から 二つ えらび、○を つけなさい。【1つ4点・8点】

( )ふわふわ ( )けらけら

( )くすくす ( )ぺらぺら

( )さらさら ( )がらがら

4 かなづかい

長くのばしていうときの表し方、「づ」「ず」・「じ」「ぢ」の使いわけ、小さく書く字、特別な書き方などのかなづかいに気をつけて言葉を書く力を身につける。またそれらの誤りを見抜き、正しく書きなおせる力を養う。

標準レベル

時間 10分

得点 /100

1 つぎの ことばには、まちがいが あります。（　）に 正しく 書き直しなさい。【1つ4点・32点】

① ろおか……（　　）
② づかん……（　　）
③ みぢかい……（　　）
④ おとおと……（　　）
⑤ こおえん……（　　）
⑥ かんずめ……（　　）
⑦ かみひこおき……（　　）
⑧ しょおがくせえ…（　　）

2 かなづかいに 気を つけて、一つの ことばに しなさい。【1つ2点・24点】

① むら ＋ ひと（　　）
② あめ ＋ くつ（　　）
③ て ＋ つくり（　　）
④ そこ ＋ ちから（　　）
⑤ はな ＋ ち（　　）
⑥ やま ＋ こや（　　）
⑦ いろ ＋ かみ（　　）
⑧ かん ＋ つめ（　　）
⑨ かぜ ＋ くるま（　　）
⑩ ばね ＋ はかり（　　）
⑪ はな ＋ その（　　）
⑫ ひと ＋ ひと（　　）

3

かなづかいの 正しい ほうに、○を つけなさい。【1つ2点・20点】

① ㋐（　）かはら　㋑（　）かわら

② ㋐（　）こおり水　㋑（　）こうり水

③ ㋐（　）とうい　㋑（　）とおい

④ ㋐（　）じめん　㋑（　）ぢめん

⑤ ㋐（　）茶(ちゃ)づけ　㋑（　）茶(ちゃ)ずけ

⑥ ㋐（　）二本づつ　㋑（　）二本ずつ

⑦ ㋐（　）せいと　㋑（　）せえと

⑧ ㋐（　）とうげ　㋑（　）とおげ

⑨ ㋐（　）いつすんぼうし　㋑（　）いっすんぼうし

⑩ ㋐（　）おおじさま　㋑（　）おうじさま

4

つぎの（　）に「ず」か「づ」を 入れて、ことばを つくりなさい。【1つ2点・24点】

① つ（　）く

② く（　）かご

③ ふたり（　）れ

④ 近(ちか)（　）く

⑤ ち（　）ちょう

⑥ みそ（　）け

⑦ ほお（　）り

⑧ うな（　）く

⑨ にわ（　）くり

⑩ かた（　）く

⑪ 少(すこ)し（　）つ

⑫ こ（　）かい

ハイレベル

時間 15分　得点 /100

1 つぎの（　）に 「え」「へ」「い」の どれかを 入れて、ことばを つくりなさい。【1つ2点・24点】

① い（　　）
② （　　）んじ
③ （　　）んそく
④ せんせ（　　）
⑤ （　　）ちま
⑥ かげ（　　）
⑦ こうて（　　）
⑧ ね（　　）さん
⑨ （　　）いが
⑩ （　　）いきんだい
⑪ いろ（　　）んぴつ
⑫ か（　　）りみち

2 かなづかいが まちがって いる ものを 一つ 見つけて ○を つけなさい。【1つ4点・32点】

① （　）大(おお)きい　（　）王(おう)さま　（　）高校(こうこう)
② （　）図画(ずが)　（　）自分(じぶん)　（　）水(みず)
③ （　）大風(おおかぜ)　（　）二つずつ　（　）こずかい
④ （　）草原(そうげん)　（　）黄金(おおごん)　（　）おおかみ
⑤ （　）ほおび　（　）夕方(ゆうがた)　（　）きのう
⑥ （　）こづつみ　（　）うなずく　（　）ぞおきん
⑦ （　）ほおずき　（　）ねいさん　（　）おうえん
⑧ （　）いじわる　（　）おおどおり　（　）ちじむ

3 つぎの 文には かなづかいの まちがいが あります。（　）に 正しく 書き直しなさい。【1つ5点・25点】

① 家え 帰ってから そおだんした。
（　　　　）

② この 花わ とても きれえです。
（　　　　）

③ おうぜいの 人に おれえを 言った。
（　　　　）

④ 二本づつ ろおそくを くばった。
（　　　　）

⑤ とうい くにから こずつみが とどいた。
（　　　　）

4 つぎの 文しょうを 読んで、後の もんだいに 答えなさい。

> ㋐いもおとは 一ねん二くみの きょうしつで べんきょうを して います。□たし□、㋑をべんとうを 食べると いつも 山本さんを さそって、㋒一ねん二くみえ 行って みます。

(1) □の 中に 「は」か 「わ」を 入れなさい。【4点】

□たし□

(2) ――が 引いて ある ところを 正しく 書き直しなさい。【1つ5点・15点】

㋐（　　　　）
㋑（　　　　）
㋒（　　　　）

最高レベル

時間 20分

得点 ／100

1

かなづかいに 気をつけて、つぎの ことばを 二つに 分(わ)けなさい。【1つ5点・20点】

れい はたらきばち （はたらく）＋（はち）

① ぬいばり （　）＋（　）

② かけぶとん （　）＋（　）

③ おりづる （　）＋（　）

④ みかづき （　）＋（　）

2

つぎの （　）に 「う」か「お」を 入れて、ことばを つくりなさい。【1つ2点・30点】

① じょ（　）ず

② ほ（　）ずき

③ ど（　）くつ

④ こ（　）ろぎ

⑤ こ（　）りみず

⑥ たいそ（　）

⑦ しょ（　）じょ

⑧ おじぞ（　）さん

⑨ ぞ（　）きん

⑩ よ（　）す

⑪ ほ（　）たい

⑫ うらど（　）り

⑬ おしょ（　）さん

⑭ お（　）かみ

⑮ ちゅうがっこ（　）

3 かなづかいの 正しい 文に ○を つけなさい。【1つ6点・30点】

①
(ア)( )ちかじか はっぴうする よてえです。
(イ)( )ちかぢか はっぴょうする よてえです。
(ウ)( )ちかぢか はっぴょうする よていです。

②
(ア)( )むずかしい もんだいを かたづけた。
(イ)( )むずかしい もんだいを かたずけた。
(ウ)( )むづかしい もんだいお かたずけた。

③
(ア)( )こずかいで ジュウスを 買(か)った。
(イ)( )こづかいで ジュースを 買(か)った。
(ウ)( )こつかいで ジュースを 買(か)つた。

④
(ア)( )きのお こづつみが とどいた。
(イ)( )きのう こづつみが とどいた。
(ウ)( )きのう こずつみが とどいた。

⑤
(ア)( )ぼくの 言(い)う通(とう)りに しろよ。
(イ)( )ぼくの 言(ゆ)う通(とう)りに しろよ。
(ウ)( )ぼくの 言(い)う通(とお)りに しろよ。

4 つぎの 文しょうを 読(よ)んで、かなづかいが まちがって いる ことばを 五つ さがし出し、書(か)き直(なお)しなさい。【1つ4点・20点】

とうくに ぽつんと あかりが 見えました。
「やれやれ、たすかったぞ。」
あたまや かたの うへに ふりつもった
ゆきを りょお手で はらいながら、ぼくわ
ゆっくりと あるいて いきました。

( )→( )
( )→( )
( )→( )
( )→( )
( )→( )

5 おくりがな

活用語尾を送る原則的な送りがなのつけ方や、基本外になる送りがなのつけ方を習得し、送りがなの誤りを正確に書き直せる力を養う。また送りがなのある漢字を書いたり、送りがなから漢字を連想することが素早くできるようにする。

標準レベル

時間 10分

得点 /100

1 おくりがなが　まちがって　います。正しい　おくりがなを　つけて　書き直しなさい。【1つ2点・24点】

①遠おい（　　）
②細そい（　　）
③広ろい（　　）
④弱わい（　　）
⑤少い（　　）
⑥高かい（　　）
⑦話なす（　　）
⑧歌たう（　　）
⑨帰える（　　）
⑩当る（　　）
⑪計かる（　　）
⑫回わる（　　）

2 つぎの　かん字に　おくりがなを　つけなさい。【1つ2点・26点】

①ふとい（太　　）
②ならす（鳴　　）
③ながい（長　　）
④たのしい（楽　　）
⑤つよい（強　　）
⑥ちかい（近　　）
⑦あたらしい（新　　）
⑧まるい（丸　　）
⑨もちいる（用　　）
⑩おもう（思　　）
⑪いきる（生　　）
⑫くろい（黒　　）
⑬かたる（語　　）

3　□に　あてはまる　ひらがなを　書き入れなさい。【1つ2点・20点】

① ろうかを　走□ては　いけません。
② 夜が　明□て　きた。
③ 本が　たくさん　売□た。
④ こうえんを　通□ぬけて　行こう。
⑤ 力強□うなずいた。
⑥ みんなは　なかなか　来□い。
⑦ そんなに　たくさん　食□られない。
⑧ 紙を　切□きざんだ。
⑨ あしたは　晴□るでしょう。
⑩ 細□い　すなを　あつめた。

4　下の　かん字を　つかって、かん字と　おくりがなで　書きなさい。【1つ3点・30点】

① うまれる……（　　）
② ひかる……（　　）
③ おしえる……（　　）
④ おこなう……（　　）
⑤ ふるい……（　　）
⑥ うしろ……（　　）
⑦ あゆむ……（　　）
⑧ あかるい……（　　）
⑨ おなじ……（　　）
⑩ おおい……（　　）

後・古・明・光・教・多・同・生・歩・行

ハイレベル

時間 15分

得点 /100

1 書き方（かきかた）の 正しい 方（ほう）に、〇を つけなさい。【1つ4点・24点】

① (ア)（　）ここで 止りなさい。
(イ)（　）ここで 止まりなさい。

② (ア)（　）右と 左を 合わせなさい。
(イ)（　）右と 左を 合せなさい。

③ (ア)（　）かんたんには 近かづけない。
(イ)（　）かんたんには 近づけない。

④ (ア)（　）ここに 記るして あります。
(イ)（　）ここに 記して あります。

⑤ (ア)（　）それは 売りものです。
(イ)（　）それは 売ものです。

⑥ (ア)（　）ここが 分かれ目です。
(イ)（　）ここが 分れ目です。

2 おくりがなの つけ方（かた）が 正しい 文には 〇を、まちがって いる 文には ×を つけなさい。【1つ2点・20点】

①（　）まっすぐ 歩るきなさい。

②（　）だいじょうぶだと 思う。

③（　）これが 新しい 学校です。

④（　）先生も 交じえて 話し合う。

⑤（　）毎日が 楽しいですか。

⑥（　）早く 知せなさい。

⑦（　）ていねいに 組み立てましょう。

⑧（　）考がえる ことは 大切です。

⑨（　）かわいい 人形を 作ろう。

⑩（　）それには 答たえられません。

3 つぎの ―― を 引いた ことばを、かん字と おくりがなで（　）に 書き直しなさい。【1つ4点・20点】

① 見えて いる 星の かずを かぞえなさい。（　　　）

② お寺の かねの 音が きこえた。（　　　）

③ その ロープは とても ほそい。（　　　）

④ したしい 友だちは 何人 いますか。（　　　）

⑤ さわがしい 人は あとまわしに しますよ。（　　　）

4 つぎの おくりがなが つく かん字を、下から えらんで □に 書き入れなさい。【1つ4点・36点】

① □ { し / ない }

② □ { える / わる }

③ □ { す / れる }

④ □ { ける / かれる }

⑤ □ { る / らう }

⑥ □ { ける / るい }

⑦ □ { たる / てる }

⑧ □ { う / べる }

⑨ □ { る / う }

当・分・外・通・教・少・計・食・明

最高レベル

時間 20分

得点 /100

1 つぎの　ことばを、かん字と　おくりがなで　書（か）きなさい。【1つ3点・30点】

① ひきわけ……（　　）
② なつやすみ……（　　）
③ はなしあい……（　　）
④ こころぼそい……（　　）
⑤ うりあげ……（　　）
⑥ おもいだす……（　　）
⑦ かきしるす……（　　）
⑧ はしりまわる……（　　）
⑨ やつあたり……（　　）
⑩ みなおす……（　　）

2 おくりがなに　気を　つけて　読（よ）みがなを　つけなさい。【1つ4点・32点】

① ㋐ 上げる（　　）　㋑ 上る（　　）
② ㋐ 直す（　　）　㋑ 直ちに（　　）
③ ㋐ 新しい（　　）　㋑ 新た（　　）
④ ㋐ 来る（　　）　㋑ 来ない（　　）
⑤ ㋐ 出る（　　）　㋑ 出す（　　）
⑥ ㋐ 行く（　　）　㋑ 行う（　　）
⑦ ㋐ 交わる（　　）　㋑ 交ぜる（　　）
⑧ ㋐ 入る（　　）　㋑ 入れる（　　）

3 （　）に かん字の 読みがなを 書き、おくりがなの 正しい ほうに ○を つけなさい。【1つ6点・30点】

①（　　）考　㋐（　）がえる　㋑（　）える

②（　　）自　㋐（　）から　㋑（　）ら

③（　　）半　㋐（　）かば　㋑（　）ば

④（　　）数　㋐（　）える　㋑（　）る

⑤（　　）外　㋐（　）れる　㋑（　）ずれる

4 ――を 引いた ことばを、かん字と おくりがなで 書きなさい。【1つ2点・8点】

買いものに 行くと、りんごの ㋐おおうりだしを して いました。わたしは その お店の りんごが とても おいしい ことを ㋑しって いたので、四つ 買う ことに しました。いっしょに いた ㋒したしい 友だちも、㋓おなじように 買いました。

㋐（　　）

㋑（　　）

㋒（　　）

㋓（　　）

6 ことばの いみと はたらき

文中から名詞の抜き出しや反対語の書き出しをしたり類義語を集めて仲間外れの言葉をさがし出したりすることなどができる力を身につける。また日常会話においても言葉を文脈に即した語意を選びとり、正確に使いこなすことができる力を養う。

標準レベル

時間 10分　得点 /100

1 はんたいの いみの ことばを 下から えらんで、（　）に 書(か)きなさい。【1つ4点・24点】

① 高(たか)い……（　　）
② 広(ひろ)い……（　　）
③ 多(おお)い……（　　）
④ 長(なが)い……（　　）
⑤ 明(あか)るい……（　　）
⑥ 新(あたら)しい……（　　）

くらい
少(すく)ない
ひくい
古(ふる)い
せまい
みじかい

2 つぎの いみの じゅく語(ご)を □から えらんで 書(か)きなさい。【1つ4点・32点】

① くさが はえて いる ひろい のはら。
② くらしを たてること。……
③ はげしく ふく かぜ。……
④ ある ちほう だけで つかう ことば。
⑤ ほんを よむこと。……
⑥ ある ところへ はやく いける みち。
⑦ おもいやりの こころが あついこと。
⑧ よその くにから かえってくること。

帰国(きこく)	近道(ちかみち)	生活(せいかつ)	草原(そうげん)
親切(しんせつ)	方言(ほうげん)	読書(どくしょ)	強風(きょうふう)

3 ㋐と ㋑の いみが はんたいに なるように、（　）の 中に かん字を つかって 書きなさい。【1つ4点・24点】

① ㋐ 小さな 声で わらう。
㋑（　　）声で わらう。

② ㋐ 細い ひもを あつめる。
㋑（　　）ひもを あつめる。

③ ㋐ おきるのが おそい。
㋑ おきるのが（　　）。

④ ㋐ 家から 学校までは 近いです。
㋑ 家から 学校までは（　　）です。

⑤ ㋐ あの 生きものは 強いです。
㋑ あの 生きものは（　　）です。

⑥ ㋐ 水そうの 内がわを あらった。
㋑ 水そうの（　　）を あらった。

4 れい に ならって ㋐の 文を 書きかえなさい。【1つ4点・20点】

れい
㋐ 家を たてる。
㋑ 家が たてられる。

① ㋐ たねを まく。
㋑ たねが（　　）。

② ㋐ 紙を 切る。
㋑ 紙が（　　）。

③ ㋐ 馬を 木に つなぐ。
㋑ 馬が 木に（　　）。

④ ㋐ 人形を 作る。
㋑ 人形が（　　）。

⑤ ㋐ 草花を うえる。
㋑ 草花が（　　）。

ハイレベル

時間 15分

得点 /100

1 □に あてはまる ことばを 下から えらんで、㋐〜㋗の きごうで 答(こた)えなさい。【1つ4点・32点】

① 目を……□
② はなを……□
③ かたを……□
④ 耳を……□
⑤ 手を……□
⑥ はを……□
⑦ はらを……□
⑧ 口を……□

㋐ すべらせる
㋑ くいしばる
㋒ あかす
㋓ きめる
㋔ つくす
㋕ 丸(まる)くする
㋖ すます
㋗ ならべる

2 つぎの ことばの 中には、なかま外(はず)れの ものが あります。（　）に 書(か)き出しなさい。【1つ4点・20点】

① けれども・ところで・はい・しかし・だから・それで（　　）
② おおきく・すくなく・ながく・とおく・あるく・ひくく（　　）
③ さくら・かわ・すな・みずうみ・とり・あかるい・もり（　　）
④ すべる・おどる・ひる・もどる・とる・うける・わる（　　）
⑤ それ・あの・これ・あし・あれ・その・この（　　）

3 つぎの ことばの いみを、一つずつ えらびなさい。【1つ6点・18点】

① とじこもる
㋐（　）中に 入ったきりで、外に 出ない こと。
㋑（　）本などを とじて まとめる こと。
㋒（　）戸を しめて 外へ 出られない ように する こと。

② おおらか
㋐（　）とても 大きい こと。
㋑（　）気が 強い 人の こと。
㋒（　）ゆったりと して いる ようす。

③ いきどまり
㋐（　）行くだけで 帰らない こと。
㋑（　）道が ふさがって いて、先に 行けない こと。
㋒（　）いきが とまる こと。

4 つぎの ことばの いみを 下から えらびなさい。【1つ3点・30点】

(1)
① ふでが たつ。□
② 月日が たつ。□
③ うわさが たつ。□
④ はらが たつ。□
⑤ 朝早く たつ。□

㋐ 気が 高ぶる
㋑ 文が うまい。
㋒ 時間が すぎる。
㋓ 出ぱつする。
㋔ 広まる。

(2)
① ほらを ふく。□
② あせを ふく。□
③ 風が ふく。□
④ ふえを ふく。□
⑤ あつい お茶を ふく。□

㋐ 風が おこる。
㋑ とりのぞく。
㋒ いきで 鳴らす。
㋓ いきを 出す。
㋔ 大きな ことを いう。

最高レベル

時間 20分　得点 /100

1

つぎの ことばの いみを ㋐〜㋒の 中から えらんで、○を つけなさい。【1つ5点・15点】

① うでを みがく

㋐( ) むだづかいを する。
㋑( ) きれいに あらう。
㋒( ) れんしゅうして 力を のばす。

② はなが きく

㋐( ) 何の においか 人に 聞く。
㋑( ) においを よく かぎわける。
㋒( ) どんな においか 人に たずねる。

③ 目も くれない

㋐( ) 目が 赤い。
㋑( ) じっと 見つめる。
㋒( ) まったく 見むきも しない。

2

つぎの ことばの いみを □ から えらんで ( )に 記ごうで 書きなさい。【1つ5点・25点】

① かしげる……( )
② あらためる…( )
③ くいしばる…( )
④ そびえる……( )
⑤ くだく………( )

㋐ はを かたく かみ合わせる。
㋑ ななめに かたむける。
㋒ こなごなに うちこわす。
㋓ べつの 新しい ものに する。
㋔ 高く たつ。

3 つぎの ことばの いみを □から えらんで （　）に 記ごうで 書きなさい。【1つ4点・40点】

① 目を くばる。（　　）　② 目を かける。（　　）

③ はなに つく。（　　）　④ はなが 高い。（　　）

⑤ 口が おもい。（　　）　⑥ 口を 出す。（　　）

⑦ 耳が 早い。（　　）　⑧ 耳に はさむ。（　　）

⑨ 首を かしげる。（　　）

⑩ 首を たてに ふる。（　　）

㋐ 人の 話に わりこむ。	㋑ 口数が 少ない。
㋒ じまんできる。	㋓ 人より 早く 聞きつける。
㋔ あきて いやに なる。	㋕ よく 気を つけて 見る。
㋖ めんどうを みる。	㋗ ふしぎに 思う。
㋘ さんせいする。	㋙ ちらりと 聞く。

4 つぎの 文しょうを 読んで、後の もんだいに 答えなさい。

> 友だちと けんかを した みどりは、家へ 帰ると ㋐さっそく お母さんに その ことを 話しました。お母さんは、
> 「おや、また ㋑なかたがいを したの。」
> と、びっくりしたように 言いました。

(1) ——線㋐の「さっそく」の いみを つぎの 中から えらびなさい。【10点】

㋐（　）しかたなく
㋑（　）すぐに
㋒（　）ゆっくり

(2) ——線㋑の「なかたがい」と よく にた いみ の ことばを 文中から さがして 書き出しなさい。【10点】

（　　　　　）

リビューテスト 2

時間 10分
得点 /100

1 つぎの ことばは、どんな 二つの ことばで できて いますか。（ ）に 書きなさい。【1つ6点・36点】

① みずがめ……（ ）（ ）
② のみぐすり……（ ）（ ）
③ おしばな……（ ）（ ）
④ たのみごと……（ ）（ ）
⑤ あまざけ……（ ）（ ）
⑥ かざぐるま……（ ）（ ）

2 つぎの 文を おくりがなに ちゅういしながら、かん字を つかって 書き直しなさい。【1つ8点・32点】

① おかあさんに くちごたえを しては いけません。
（ ）

② くみたてかたを おしえました。
（ ）

③ はんぶんずつ たべましょう。
（ ）

④ なぜ つきの ひかりは あんなに あかるいのだろうと かんがえた。
（ ）

3 つぎの 文しょうを 読んで、後の もんだいに 答えなさい。

ぼくは、ロバに なった 王子さまと (1)ともに たびを つ[ア]けました。

お[イ]さまの いる おしろに たどりつくには、あと 四つの 山を こえなければ [★]。とくに 四つめの 山は「あくまの すむ 山」と よばれ、くらく けわしい ことで ゆう名でした。

ロバの 王子さまは ぼくの そでを くわえて 引ぱりながら 言いました。

「早く 父上に 会せて ください。」

ぼくは ロバの せなかを さすって、

「だいじょ[ウ]ぶですよ。ぼくが かならず おつれしますから。」

と 言いました。

(1) 「ともに」と 同じ いみを もつ ことばを、つぎの 中から えらびなさい。【5点】

㋐( ) 友だちに　㋑( ) いっしょに

㋒( ) みんなに

(2) ㋐〜㋒に 入る ひらがなを 書きなさい。【1つ4点・12点】

㋐( )　㋑( )　㋒( )

(3) [★]に 入る ことばは、つぎの どちらですか。○を つけなさい。【5点】

㋐( ) なります　㋑( ) なりません

(4) おくりがなを まちがえて いる ことばが 二つ あります。ぬき出して 書き直しなさい。【1つ5点・10点】

( )→( )

( )→( )

7 つなぎことば

文と文をつなぐ接続詞や、「ので」「ても」「が」などの接続助詞のはたらきを正しく理解して文中に取り入れ、意味の通じる文を作る力を養う。また文脈をしっかりととらえた上で、正確なつなぎ言葉が使える力をつける。

標準レベル

時間	得点
10分	/100

1 ( )に あてはまる ことばを □から えらんで、記ごうで 書きなさい。【1つ4点・20点】

① どんなに つらく( )、がんばります。

② 少し こわかった( )、がまんした。

③ さむい( )、セーターを きました。

④ 外を 見る( )、雨が ふっていた。

⑤ 春に なれ( )、さくらの 花が さく。

㋐ ので ㋑ ば ㋒ と ㋓ ても ㋔ けれど

2 ( )に あてはまる ことばを □から 一つ えらんで、記ごうで 書きなさい。【1つ6点・24点】

① 何回も れんしゅうを した( )、しっぱいして しまいました。

㋐ から ㋑ のに ㋒ また

② いそいで かたづけました。( )、テレビを 見ました。

㋐ そして ㋑ しかし ㋒ おまけに

③ ひろしくんは べん強も できる( )、うんどうも とくいです。

㋐ ので ㋑ から ㋒ し

④ きょう 手紙を 出す( )、あさってには とどくでしょう。

㋐ し ㋑ のに ㋒ と

3 （　）に　あてはまる　つなぎことばを　書きなさい。【1つ8点・32点】

①　雨が　ふり出しました。（　　　）、うんどう会は　中止に　なりました。

②　ほとんどの　人は　手を　上げました。（　　　）、わたしは　上げませんでした。

③　アイスクリームを　食べおわってから、ハンカチで　手を　ふきました。（　　　）、それを　ポケットに　入れました。

④　本やへ　行きました。（　　　）、一さつも　本を　買わずに　帰ってきました。

4 れい　に　ならって　二つの　文を　一つの　文に　しなさい。【1つ8点・24点】

れい　たねを　まきました。そして、水を　やりました。

↓

（たねを　まいて、水を　やりました。）

①　水を　やりました。すると、めが　出て　きました。

↓

（　　　　　　　　　　）

②　太ようが　出て　きました。だから、ぼうしを　かぶりました。

↓

（　　　　　　　　　　）

③　かぜを　ひきました。でも、学校へ　行きました。

↓

（　　　　　　　　　　）

ハイレベル

時間 15分
得点 /100

1 (　)に あてはまる つなぎことばを 入れなさい。【1つ4点・20点】

① 妹(いもうと)は やくそくを やぶりません。(　　)、わたしは あん心(しん)して います。

② 手紙(てがみ)を 出しました。(　　)、まだ へんじが きません。

③ わたしは おくびょうです。(　　)、とても なきむしだと 言(い)われます。

④ 山へ 行(い)きますか。(　　)、海(うみ)へ 行(い)きますか。

⑤ わたしは その 紙(かみ)を 水に つけました。(　　)、すぐ 色(いろ)が かわりました。

2 れいに ならって つぎの 文を 二つの 文に しなさい。【1つ10点・30点】

れい 楽(たの)しい 気分(きぶん)だったので、歌(うた)を 歌(うた)いました。
↓
(楽(たの)しい 気分(きぶん)でした。
だから、歌(うた)を 歌(うた)いました。)

① おくれて 行(い)ったけれど、しかられませんでした。
↓
(　　)

② 画用紙(がようし)を 広(ひろ)げて、鳥(とり)の 絵(え)を かきました。
↓
(　　)

③ まどを あけると、風(かぜ)が 入って きました。
↓
(　　)

3 つぎの うち、「だから」で つながる 文に ○を、つながらない 文に ×を つけなさい。【1つ4点・20点】

① （　　）ねつが 出ました。／学校へ 行きました。

② （　　）しゅくだいを わすれました。／先生に しかられました。

③ （　　）休み時間が おわりました。／みんなで あそびました。

④ （　　）お金が 足りませんでした。／本を 買えませんでした。

⑤ （　　）きょうは 友だちの おたん生日です。／あしたは わたしの おたん生日です。

4 □の 中に ことばを 入れて、文が つづく ように しなさい。【1つ6点・30点】

① 力いっぱい おしてみる□、ほんの 少しだけ うごきました。

② 人数だけを そろえ□□、道ぐが なければ 野きゅうは できません。

③ 夕方に なりました□、家へ 帰りませんでした。

④ あなたの いく ところは すばらしい ところだ□□□、ここからは まだ ずいぶんと 歩かなければ いけません。

⑤ 手の ほねを おって いる□□、体いくの 時間は 見学を します。

最高レベル

時間	得点
20分	/100

1 つぎの　文しょうを　読んで、後の　もんだいに　答えなさい。

カールは、ゆっくりと　㋐森の　中を　すすみました。すると、しかが　あらわれました。カールは　㋑しかの　頭を　なでて　やろうと　おもいましたが、どこからか　《足音が　聞こえて　きたので、やめました。》こちらへ　近づいて　くるのは、しかの　かいぬしでしょうか。（　㋒　）、村に　すむ　かりゅうどでしょうか。カールは　うでぐみを　して　考えました。

(1) ㋐の　ぶ分を　一つの　文に、書き直しなさい。【15点】

(2) ㋑の　文を　二つに　分けて　書くと、つなぎことばの　が　は　つぎのうち　どれに　かえる　ことが　できますか。二つ　えらんで　○で　かこみなさい。【1つ5点・10点】

けれども　そして　それとも
だから　それに　しかし

(3) 《　》の　中の　ぶ分を　二つに　分けて　書き直しなさい。【15点】

(4) ㋒に　入る　ことばを　書きなさい。【10点】

2 つぎの 文しょうを 読んで、後の もんだいに 答えなさい。

　まさ子は 二学きの せいせきひょうを 見て、がっかりしました。［㋐］、まさ子が 思って いたよりも、少し せいせきが わるかったからです。
　とくに がっかりしたのは 算数の せいせきでした。算数は まさ子が いちばん 力を 入れて べん強を した 科目だったのです。［㋑］、一学きと まるで かわって いないのですから。
　体いくと 国語、［㋒］ 音楽は 一学きよりも よく なって いました［㋓］、あまり うれしくは ありませんでした。
　㋔まさ子は せいせきひょうを かばんに しまって、三学きは もっと がんばろうと 思いました。

(1) ㋐に 入る つなぎことばを えらんで、○を つけなさい。【10点】
（　）それから　（　）ところで
（　）なぜなら　（　）けれども

(2) ㋑に 入る つなぎことばを えらんで、○を つけなさい。【10点】
（　）すると　（　）ところが
（　）だから　（　）そのうえ

(3) ㋒に 入る つなぎことばを 考えて 書きなさい。【10点】
（　　　　）

(4) ㋓に 入る ことばを 考えて、一字で 書きなさい。【10点】
（　　）

(5) ㋔の 文を つなぎことばを つかって 二つに 分けなさい。【10点】
（　　　　　　　　）

8 ふごうの　つかい方

句点（。）、かぎ（「　」）が正確に、読点（、）ができるだけ正しく打てる力を養う。また長い文の中に符号を正しくつけて、読みやすい文を作ることができる力を身につける。

標準レベル

時間　10分
得点　/100

1 つぎの　文に　「「　」」を　つけなさい。【1つ6点・18点】

① わたしが　かってな　ことばかり　して　いると、なぜ　言う　ことを　聞かないの。と　お母さんが　言いました。

② ぼくは　となりの　おじさんに、ごめんなさい。と　言って　頭を　下げました。

③ わたしは　やかんを　はこぼうと　しました。その　とき　おばあさんが、あついから　あぶないわよ。と　言いました。

2 つぎの　文に　「、」を　一つ　つけなさい。【1つ4点・28点】

① さあ　きょうも　一日　がんばるぞ。

② つくえの　上の　かばんは　ぼくのです。

③ ぼう遠きょうを　のぞきながら　ぼくは　ひとり言を　言いました。

④ 気を　つけて　いたのに　セーターを　よごして　しまった。

⑤ わたしの　かばんの　中には　教科書しか　入って　いません。

⑥ それを　するのが　いやだったら　これを　しなさい。

⑦ お母さんは　わたしの　へやに　きて　「早くねなさい。」と　言いました。

3 つぎの　文に　「。」を　二つずつ　つけなさい。【1つ6点・24点】

① 先週の　土曜日の　ことでした　ぼくは　学校から　帰ると、自てん車に　のって　みつおくんの　家へ　行きました

② 「そう、それです」と　おばあちゃんは　ゆびを　さして　言いました

③ それは、そんなに　大切な　ものなので　しょうか　わたしには、まるで　分かりません

④ 水を　たっぷりと　まきました　それから、道ぐを　はこの　中に　しまいました

4 つぎの　文に　「「」」と　「、」を　一つずつ　つけなさい。【1つ6点・30点】

① こんにちは。と　言って　モグラが　顔を　出しました。

② 弟が　空を　見上げて　ひこうき雲だ。と　さけびました。

③ わたしは　同じ　組の　友だちに　さようなら。と　あいさつを　しました。

④ まもるくんが　学校の　帰り道で　公園へ　行こうよ。と　言いました。

⑤ お母さんは　やかんの　ふたを　あけて　こんな　ところに　金魚を　入れたのは　だれ。と　言いました。

ハイレベル
時間 15分
得点 /100

1 つぎの 文に「「 」」を 三つ つけなさい。【1つ8点・24点】

ぞうは 池に おちた さるの そばへ 行くと、
長い はなを さし出して 言いました。
早く、これに つかまりなさい。
さるは、むちゅうで ぞうの はなに つかまり
ました。
えいっ。
かけ声を かけて ぞうが 引き上げると、さる
の 体は 池から とび出して、
すなの 上に ころがりました。
ありがとう、ありがとう。
さるは なんども おれいを 言いました。

2 つぎの 文に 「、」と 「。」を 二つずつ つけなさい。【1つ8点・32点】

① 一人で 本を 読んで いると おなかが す
いて きました それで 食べものを さがしに
台どころへ 行きました

② あそびに 行こうと したら「雨が ふりそう
なので かさを もって 行きなさい」と お母
さんが 言った

③ 歩きつかれた ププは ポッポに むかって
言いました
「あの りんごの 木の 下で 少し 休みませ
んか」

④ 「ねえ そろそろ 帰ろうよ」
小さな 声で 弟が 言いました

3 つぎの いみに なるように 「、」を 一つ つけなさい。【1つ6点・30点】

① 【妹が わらって いる。】
わたしは わらいながら 本を 読む 妹の 方を 見ました。

② 【おじいさんが こまった ようすを して いる。】
おじいさんは こまった ようすで 台どころに いる おばあさんに 話しかけました。

③ 【弟が 絵本を 読んで いる。】
お母さんは 絵本を 読みながら ごはんを 食べる 弟に ちゅういを しました。

④ 【友だちが あわてて いる。】
わたしは あわてて 帰る 友だちを おいかけました。

⑤ 【ぼくが 青い 顔を して いる。】
ぼくは 青い 顔を して たおれた 人を 見て いました。

4 つぎの 文に 「、」と 「。」や 「「 」」を つけて、書き直しなさい。(「、」は 一つだけ つけなさい。)【1つ7点・14点】

① キツネが あなたの 言った 通りに なりました ね と 言いました

(　　　　　　　　)

② これから どうしよう と 言って ぼくたちは 考えこんで しまいました

(　　　　　　　　)

最高レベル

時間 20分

得点 /100

1 つぎの 文しょうに［、］を 四つ、［。］を 三つ 書き入れなさい。【1つ5点・35点】

わたしの たからものは ゆみ子さんから もらった 一まいの 絵です ゆみ子さんが 色えんぴつを つかって わたしの 顔を かいて くれました 先週 ゆみ子さんは てん校して しまいましたが 今でも わたしの 大切な 友だちです

2 つぎの いみに なるように、［、］を 一つ うちなさい。【1つ5点・20点】

(1) 兄は なきながら 走って いる 妹を よんだ。

① 兄が ないて いる

〔兄は なきながら 走って いる 妹を よんだ。〕

② 妹が ないて いる

〔兄は なきながら 走って いる 妹を よんだ。〕

(2) ぼくは 大声を 出して にげて いく 子を おいかけた。

③ にげて いく 子が 大声を 出して いる

〔ぼくは 大声を 出して にげて いく 子を おいかけた。〕

④ ぼくが 大声を 出して いる

〔ぼくは 大声を 出して にげて いく 子を おいかけた。〕

3 つぎの　文しょうを　読んで、後の　もんだいに　答えなさい。

三人を　のせた　船は　なみに　ゆられながら　すすんで　いきました。

早く　南の　しまに　つかないかなあ。

と、ベンが　言いました。

きっと、もうすぐ　たどりつくよ。

三人の、中で　いちばん　体の　大きな
ポールが、ベンを　はげましました。

ジョンは、船の　うしろで、ねそべったまま　青い　空を　ながめて　いました。

空には　一羽の　カモメが　とんで　います。

カモメは　白い　はねを　かたむけて　ねそべって　いる　ジョンの　そばへ　おりて　きました。そして、
きみたち、どこへ　行くの。

と　たずねました。

(1) 〰を　引いた　文に　「、」を　二つ　つけなさい。【1つ5点・10点】

(2) 「「」」の　つく　文が、三つ　あります。ぜんぶ　書き出しなさい。【1つ5点・15点】

（　　　　　）

（　　　　　）

（　　　　　）

(3) ―を　引いた　文が、（カモメが　白い　はねを　かたむけた）と　いう　いみに　なるように　「、」を　一つ　つけなさい。【10点】

(4) 「、」の　つけ方を　まちがって　いる　文が、一つ　あります。それは、何行目に　ありますか。【10点】

（　　）行目

9 ことばの つかい方

文脈の中での言葉のはたらきとその意味を正確に理解し、助詞など正しく使える力を養う。またそれぞれの言葉の役割を踏まえた上で、総合的に正しく使いこなせる力をつける。

標準レベル

時間 10分 得点 /100

1 どちらか 正しい ほうに、○を つけなさい。【1つ4点・20点】

① けっして ㋐（　）わたします。 ㋑（　）わたしません。

② とても ㋐（　）よろこびました。 ㋑（　）つくりました。

③ なかなか ㋐（　）とべます。 ㋑（　）とべません。

④ あまり ㋐（　）食べますね。 ㋑（　）食べませんね。

⑤ まるで ㋐（　）花のようです。 ㋑（　）花が ありました。

2 （　）に 入る ことばを □ から えらんで 書きなさい。【1つ2点・26点】

① あさがお（　）花（　）さいた（　）、妹（　）よびに いきました。

の で　を　が　の

② 妹（　）花（　）見て、「きれいだね、おにいちゃん。」（　）、うれしそう（　）言いました。

と　に　は　を

③ お母さん（　）にわ（　）出て きました。（　）、ぼくたち（　）いっしょに 花（　）見ました。

そして　と　も　へ　を

3 （　）に 入る ことばを □ から えらんで、記ごうで 答えなさい。【1つ2点・22点】

① （　）は、うれしそうに （　）を ふりながら、（　）と ほえました。（　）は、（　）の 中で まるく なりました。

㋐ しっぽ	㋑ 頭	㋒ ワンワン	㋓ 風船
㋔ 子ねこ	㋕ 子犬	㋖ ニャン	㋗ 家

② きょうは、（　）から （　）が ふって いたので、（　）を さして （　）へ 行きました。（　）に 大きな （　）が できて いました。

㋐ 夕方	㋑ 雲	㋒ 水たまり	㋓ 学校
㋔ かさ	㋕ 朝	㋖ 雨	㋗ うんどう場

4 つぎの ことばは、どんな ようすや 音を あらわして いますか。□から えらんで、記ごうで 答えなさい。【1つ4点・32点】

① コンコン（　）　② ゆらゆら（　）

③ めらめら（　）　④ こそこそ（　）

⑤ メリメリ（　）　⑥ ぽろぽろ（　）

⑦ ポトポト（　）　⑧ そわそわ（　）

㋐ つぶが こぼれる ようす
㋑ 火が もえて いる ようす
㋒ とびらを たたく 音
㋓ ものが ゆれる ようす
㋔ 水が おちる 音
㋕ おちつかない ようす
㋖ ものが おれたり、つぶれたり する 音
㋗ 人に 知られずに うごく ようす

ハイレベル

時間 15分

得点 /100

1 人に たずねる 言い方の 文には ○、人に 言いつける 言い方の 文には △、どちらでも ない 文には ×を つけなさい。【1つ2点・20点】

①（　）花が さきました。
②（　）こちらへ 来なさい。
③（　）今、何時ですか。
④（　）わたしには 分かりません。
⑤（　）時計を 見せなさい。
⑥（　）ぼくは それを もって いる。
⑦（　）あの人を 知って いますか。
⑧（　）あれは だれの おばさんかな。
⑨（　）きちんと あいさつを しろ。
⑩（　）いっしょに おどりますか。

2 ——を 引いた ことばの つかい方が 正しい 文に ○を つけなさい。【1つ4点・16点】

①（　）かわいそうに、さぞ つらかっただろうね。
②（　）ふくを きがえると、いっそう 出かけました。
③（　）空が くらくなると、たちまち 大つぶの 雨が ふってきた。
④（　）きょうは たっぷりと おきました。
⑤（　）うっかり やくそくを まもりました。
⑥（　）やねの 上にも ずっしりと 雪が つもりました。
⑦（　）こっそりと 大声で 話しました。
⑧（　）人に かりた ものは なるべく 早く かえそう。

3 （　）に 入る ことばを □ から えらんで 書(か)きなさい。【1つ4点・44点】

① どうして こんな こと（　　）なった（　　）、ぼく（　　）（　　）分(わ)かりません。

には・から・さっぱり・に・が・のか

② かめ（　　）ひっくりかえった（　　）、手足（　　）ばたばた させました。

まま・は・の・を

③ 木（　　）えだ（　　）きれいな 鳥(とり)（　　）とまって いた（　　）、そっと、近(ちか)づいて みました。

に・が・の・ので・は・を

4 （　）に 入る ことばを □ から えらんで、記(き)ごうで 書(か)きなさい。【1つ4点・20点】

① たぶん 分(わ)かると（　　）

② そんな ことは しま（　　）

③ それは 本当(ほんとう)です（　　）

④ とても その 時間(じかん)には 間(ま)に 合(あ)いそうに（　　）

⑤ きのうは たくさんの 本を 読(よ)み（　　）

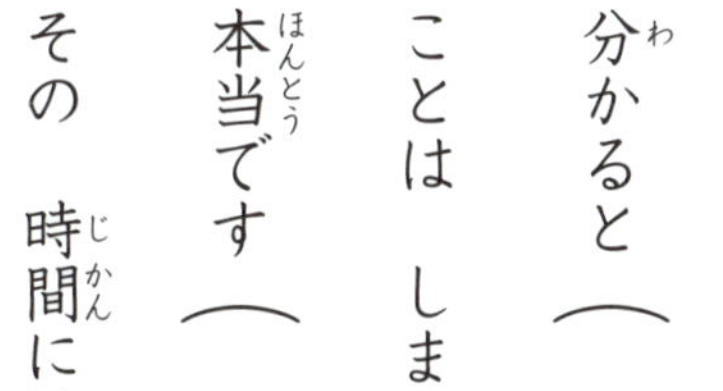

㋐ ました。	㋑ ます。
㋒ ある。	㋓ だ。
㋔ 思(おも)います。	㋕ せん。
㋖ です。	㋗ か。
㋘ ありません。	㋙ た。

最高レベル

時間 20分

得点 /100

1 （　）に あてはまる ことばを 入れて、文の いみが わかるように しなさい。【1つ3点・39点】

① ぼく（　）弟（　）つれて、おじさん（　）家（　）あそびに いきました。

② 「この人（　）知りません（　）。」（　）あの 人（　）たずねて みました。

③ ハンカチ（　）、この ポケット（　）中に 入って います。

④ 友だち（　）いっしょ（　）、べん強（　）しました。

2 ――線の ことばを 正しく つかって いる 文に ○を つけなさい。【1つ7点・21点】

①
- ㋐（　）日曜日に ひろびろと 休む。
- ㋑（　）ひろびろと した ぼうしを かぶる。
- ㋒（　）ひろびろと した にわで あそぶ。

②
- ㋐（　）その 道を ますます 行きなさい。
- ㋑（　）ミルクを のむと、ますます 元気に なりました。
- ㋒（　）ますます 川を およいだ。

③
- ㋐（　）その 本を 思わず かたづけなさい。
- ㋑（　）弟は 思わず べん強を しません。
- ㋒（　）それを 聞いて、思わず ふき出して しまいました。

3 つぎの　文しょうを　読んで、後の　もんだいに　答えなさい。

まさしくん、おかえりなさい。ソフトボール大会は　どうでしたか。いい　お天気で　よかったね。上手に　ボールを　うてましたか。すべったり　ころんだり　して、ユニフォームも　どろんこに　なって　しまったでしょうね。くつ下と　いっしょに、せんたくきに　入れて　おいて　ください。お母さんは　四時までに　帰ります。おやつを　食べながら　まって　いてね。

(1) たずねて　いる　言い方の　文を　二つ　書き出しなさい。【1つ10点・20点】

(2) おねがい　して　いる　言い方の　文を　二つ　書き出しなさい。【1つ10点・20点】

リビューテスト ③

時間 10分　得点 ／100

1 □の 文を、書きかえました。□に 入る ことばを 考えて 書きなさい。【1つ6点・30点】

① ぼくは 道ばたで 子犬を ひろいました。

→ 子犬□、道ばたで ぼく□ ひろわれました。

② 子どもたちは 赤おにに おむすびを 食べさせて あげました。すると、赤おには 元気に なりました。

→ 赤おに□ 子どもたち□□ もらった おむすびを 食べる□、元気に なりました。

2 ――を 引いた ことばと よく にた いみを もつ ことばを えらんで、○を つけなさい。【1つ8点・24点】

① 毎日の べん強を <u>おろそかに</u> しては いけません。

㋐（　）いいかげんに　㋑（　）ていねいに　㋒（　）大切に

② どんな ことも <u>めんどうがらずに</u> がんばって やりなさい。

㋐（　）しんけん　㋑（　）ふざけず　㋒（　）やっかいがらず

③ 学校への さか道は <u>なだらかだ</u>。

㋐（　）なごやかだ　㋑（　）けわしい　㋒（　）ゆるやかだ

3 つぎの 文しょうを 読んで、後の もんだいに 答えなさい。

ぼくが あんないを して あげるよ。と 言って、カモメは 船の 前を とびました。南の しまなら、よく 知って いるんだ。

ジョンは 親切な カモメに おれいを 言って、ベンや ポールの ほうを ふりむきました。二人とも [㋐] ようすです。

ポールが 元気な 声で、
さあ、船を すすめよう。
と 言いました。

三人は カモメを 見うしなわないように ちゅういを しながら、船を [㋑]。

(1) 「 」の つく 文が、三つ あります。ぜんぶ書き出しなさい。【1つ8点・24点】

( )
( )
( )

(2) ——線の 文を つなぎことばを つかって 二つの 文に 分けなさい。【10点】

( )

(3) ㋐と ㋑に 入る ことばを 一つ えらんで、○を つけなさい。【1つ6点・12点】

㋐
( ) がっかりと した
( ) うっかりと した
( ) ほっと した

㋑
( ) つくりはじめました
( ) こぎはじめました
( ) かたづけはじめました

10 こそあどことば（しじ語）

物や人や場所などを指し示す「こそあどことば（指示語）」を、文脈の中で正しくとらえる。また、自分で使える力も身につける。

標準レベル

時間 10分　得点 /100

1 （　）に あてはまる ことばを、□から えらんで 書きなさい。【1つ5点・20点】

① ぼくが 今 もって いる（　　）本は、とても おもしろいよ。

② あなたの 目の 前に ある（　　）本を カバンに 入れなさい。

③ はたけの むこうに 見える（　　）山は、何と いう 山ですか。

④ たくさんの ケーキの 中で、（　　）ケーキを 買うのですか。

どれ	あの	それ	この
その	これ	あれ	どの

2 「こそあどことば」は、さししめす ことばが どこを さすかに よって つかい分けます。つぎの 場合に つかう ことばを 書きなさい。【1つ3点・36点】

① 自分の 近くの 場合（　　）（　　）（　　）

② あい手の 近くの 場合（　　）（　　）（　　）

③ 自分からも あい手からも 遠い 場合（　　）（　　）（　　）

④ どれか はっきり しない 場合（　　）（　　）（　　）

あちら	どれ	この	そちら	あれ	こちら
それ	あの	どの	これ	どちら	その

3 つぎの 文の 中から 「こそあどことば」を 見つけて、よこに ――線を 引きなさい。【1つ3点・24点】

① ここから あの 山の てっぺんまで きょう そうしよう。

② これと 同じ ものは、あの はこの 中にも あります。

③ また こちらに 来られた ときは、あちらの 方にも 行かれたら いかがですか。

④ こんなに たくさん あると、どれを 買ったら いいか まよって しまうよ。

4 （　）に あてはまる 「こそあどことば」を □から えらんで 書きなさい。【1つ4点・20点】

① すきな 本を （　　）でも あげよう。

② パン屋さんの むこうの （　　） 家が わたしの 家です。

③ 今 きみが もって いる （　　） 本を 少しだけ 見せて くれませんか。

④ たからの 地図は （　　）に あるの。

⑤ 村中の （　　）池より 目の 前の （　　）池の ほうが 魚が よく つれるよ。

その	どの	あの
どれ	どこ	この

ハイレベル

時間 15分

得点 /100

1 つぎの ——線の 「こそあどことば」は 何を さして いますか。【1つ8点・24点】

① きのう、花屋さんで カーネーションの 花を 買いました。今日、それを お母さんに あげる つもりです。

（　　　　　　　　）

② この 前の 日曜日に お寺の うらの 公園で 友だちと あそびました。明日も そこで あそびます。

（　　　　　　　　）

③ 赤れんがの 大きな たてものが 見えて きました。そのとき、「あそこには むかし 王さまが すんで いたんだ。」と、友だちが 言いました。

（　　　　　　　　）

2 （　）に あてはまる 「こそあどことば」を 入れなさい。【1つ7点・28点】

① きのう 食べた（　　　）パンは おいしかったね。

② これからは（　　　）ことが あっても みんな なかよく がんばろう。

③ （　　　）に おいしい ケーキを 食べたのは 生まれて はじめてだ。

④ その 店の おばさんが、「ここに あるもの だったら（　　　）でも あげるよ。」と 言いました。

3 ―線の「こそあどことば」は、㋐～㋒の どれを さして いますか。○を つけなさい。【1つ6点・48点】

① そこを うごいては いけません。
- ㋐（ ）ものを さして いる。
- ㋑（ ）場しょを さして いる。
- ㋒（ ）ほうこうを さして いる。

② これは 弟の えんぴつです。
- ㋐（ ）ものを さして いる。
- ㋑（ ）場しょを さして いる。
- ㋒（ ）ほうこうを さして いる。

③ あなたは どこへ 行くのですか。
- ㋐（ ）ものを さして いる。
- ㋑（ ）場しょを さして いる。
- ㋒（ ）ほうこうを さして いる。

④ 早く こちらへ いらっしゃい。
- ㋐（ ）ものを さして いる。
- ㋑（ ）場しょを さして いる。
- ㋒（ ）ほうこうを さして いる。

⑤ あそこの ぼうしを とって ください。
- ㋐（ ）ものを さして いる。
- ㋑（ ）場しょを さして いる。
- ㋒（ ）ほうこうを さして いる。

⑥ そっちへ 行っては いけません。
- ㋐（ ）ものを さして いる。
- ㋑（ ）場しょを さして いる。
- ㋒（ ）ほうこうを さして いる。

⑦ ここから 何時間 かかりますか。
- ㋐（ ）ものを さして いる。
- ㋑（ ）場しょを さして いる。
- ㋒（ ）ほうこうを さして いる。

⑧ 妹は どっちへ 行きましたか。
- ㋐（ ）ものを さして いる。
- ㋑（ ）場しょを さして いる。
- ㋒（ ）ほうこうを さして いる。

最高レベル

時間 20分

得点 /100

1 正しい「こそあどことば」を ◯で かこみなさい。【1つ8点・32点】

① 一人で 山へ 行くなんて {こんな／そんな／どんな} ことは ゆるしません。

② 二人の うち {こっち／どっち／そっち} が 行くのですか。

③ さあ、ここで ゆっくり 食べなさい。
でも、おかしは {これ／どれ／あれ} で おしまいよ。

④ がんばって {そこ／どこ／ここ} まで 来てごらん。

2 つぎの ——線の ことばは、何を さして いますか。（　）に 書きなさい。【1つ8点・32点】

村はずれに、「かみさまの 木」と よばれる 大きな かきの 木が ありました。秋に なると、㋐これに とても あまい みが たくさん できました。毎年、秋まつりが おわった あと、村の 中から えらばれた 一人の わかものが、㋑それを ぜんぶ とるのが きまりでした。㋒そこに すんで いる 人たちは ㋓それを 食べるのを とても 楽しみに して いました。

㋐（　　　　）　㋑（　　　　）

㋒（　　　　）　㋓（　　　　）

3 つぎの 文しょうを 読んで、後の もんだいに 答えなさい。

おじいちゃん お元気ですか。
きのうは、大きな メロンを たくさん おくって くれて ありがとう。お母さんが 毎日 買いものに 行く 店では、まだ ㋐それを 見かけないそうです。めずらしいのと ㋑おいし（　）で、みんな 大さわぎでした。ぼくの 友だちの けんたくんと、花子の 友だちの ゆみ子ちゃんの ところに、二つずつ あげたら とても よろこんで くれました。ぼくは、おじいちゃんの ことを ㋒とても じまんに 思って います。その わけは、大きくて あまくて おまけに 形の いい メロンを、おばあちゃんと たった 二人で つくって いるからです。

はじめ

(1) このような 文しょうを 何と 言いますか。一つ えらんで ○を つけなさい。【6点】

（　）もの語　（　）日記文　（　）手紙文　（　）かんさつ文

(2) ——線㋐の それは 何を さして いますか。【10点】

（　　　　　　）

(3) ——線㋑の（　）に あてはまる ことばを 書きなさい。【10点】

（　　　　　　）

(4) ——線㋒の わけと して まちがって いる ものを 一つ 見つけて ○を つけなさい。【10点】

（　）おじいちゃんの メロンが おいしいから。
（　）おじいちゃんの メロンの 形が いいから。
（　）おばあちゃんと 二人で メロンを つくって いるから。
（　）おじいちゃんの メロンを 店で よく 見かけるから。

11 ことばづかい（敬語）

「お」の正しい使い方や、尊敬語・ていねい語・謙譲語の違いを理解し、それぞれの場面にふさわしい敬語を用いることができる力を養う。また敬語を用いる必要があるかどうかを判断し、状況に応じた言葉使いができる力を身につける。

標準レベル

時間	得点
10分	/100

1 ていねいな 言い方の ほうに、○を つけなさい。【1つ4点・20点】

①
ア（　）そう 言った。
イ（　）そう おっしゃった。

②
ア（　）先生が お作りに なった。
イ（　）先生が 作った。

③
ア（　）それも もらいます。
イ（　）それも いただきます。

④
ア（　）どこかへ 行かれる。
イ（　）どこかへ 行く。

⑤
ア（　）それを くださった。
イ（　）それを くれた。

2 つぎの ことばの 中で、ていねいな 言い方の ものに ○を つけなさい。【1つ5点・30点】

①（　）おりがみ
②（　）おりょうり
③（　）おもて
④（　）おもちゃ
⑤（　）おこめ
⑥（　）おうじ
⑦（　）およぎ
⑧（　）お母さん
⑨（　）おかね
⑩（　）おいかける
⑪（　）おんな
⑫（　）おなか
⑬（　）おちば
⑭（　）おりづる
⑮（　）お手つだい

3 ――線を引いたことばを、ていねいな言い方に直しなさい。【1つ4点・20点】

① ここから先は、ぼくがあんないします。（　　　）

② それが先生の考えです。（　　　）

③ わたしからもれいを言います。（　　　）

④ 先生はけんきゅう会に行った。（　　　）

⑤ おじさんがびょういんからもどってきた。（　　　）

4 ――線を引いたことばのつかい方が正しいほうに、○をつけなさい。【1つ10点・30点】

①
㋐（　）夕方に父が会社から帰ってこられました。
㋑（　）夕方に父が会社から帰ってきました。

②
㋐（　）ぼくから妹にお知らせします。
㋑（　）ぼくから妹に知らせます。

③
㋐（　）先生は一人一人にあいさつをされました。
㋑（　）先生は一人一人にあいさつをしました。

ハイレベル

時間 15分
得点 /100

1 つぎの　ことばの　うち、正しい　言い方の　ものに　○を　つけなさい。【1つ4点・32点】

①（　）おふろ　②（　）ご時計
③（　）おごはん　④（　）おかいもの
⑤（　）おでんわ　⑥（　）お学校
⑦（　）おかし　⑧（　）およめさん
⑨（　）ごつくえ　⑩（　）おへんじ
⑪（　）おそうじ　⑫（　）おえんぴつ
⑬（　）ごびょう気

2 ことばづかいの　正しい　文に　○を　つけなさい。【1つ6点・18点】

①（　）おはしの　つかい方が　上手ですね。
②（　）弟が　ふしぎそうに　おっしゃった。
③（　）わたしは　よく　ごぞんじです。
④（　）えんりょなく　いただきます。
⑤（　）どうぞ　上がりください。
⑥（　）先生から　いただいた　ごほうびです。
⑦（　）ぼくは　そろそろ　お帰りになります。
⑧（　）おきゃくさんが　きた。

3 ——線を 引いた ことばを 文に ふさわしい 言い方に 書き直しなさい。【1つ5点・20点】

① きょうは ぼくの 友だちが たくさん 来られます。

（　　　　）

② やす子さんの お母さんは びょう気で ねて います。

（　　　　）

③ わたしの お父さんは ゆっくりと お食じを されます。

（　　　　）

④ 先生は とても 大きな 声で 本を 読みます。

（　　　　）

4 ——線の ことばを ていねいな 言い方に 直しなさい。【1つ6点・30点】

①「早く 来なさい。」

（　　　　）

②「その ことは 知って いるね。」

（　　　　）

③「ペンを かして くれ。」

（　　　　）

④「先生は いますか。」

（　　　　）

⑤「また 会おう。」

（　　　　）

最高レベル

時間 20分 得点 ／100

1 ことばづかいの 正しい 文に、○を つけなさい。【1つ10点・20点】

①（　）ぼくたちは それに ついて たくさん 話されました。

②（　）妹が ごらんに なった とき、まだ 花は さいて いました。

③（　）お茶を 一ぱい ください。

④（　）母は おコーヒーを のむ。

⑤（　）そのうち おじゃまさせて いただきますね。

⑥（　）父が そちらへ 行かれます。

2 ——線を 引いた ことばを、文に ふさわしい 言い方に 書きなおしなさい。【1つ8点・40点】

わたしは 先生の そばまで ①行かれると、ノートを わたしました。
先生は ノートを ②うけとると、
「あしたまで あずかりますね。」
と ③言いました。
「もう ④お帰りに なっても いいですか。」
わたしは 先生に ⑤おたずねに なりました。

①（　　）

②（　　）

③（　　）

④（　　）

⑤（　　）

3 つぎの①〜⑧の ことばを、ていねいな 言い方に 書き直しなさい。【1つ5点・40点】

王さまは 大きな ダイヤモンドが ついた かんむりを ①かぶって、人びとの 前に ②来ました。
そのとき、木こりの カルが 王さまの 前に ひざまずいて、こう 言いました。
「③元気そうだね、王さま。あなたが ④元気だと、村の 中が ⑤明るくなる。」
カルの ことばを ⑥聞いた 王さまは 心から うれしそうな ⑦顔を しました。そして、やさしい お声で、
「ありがとう。」
と ⑧いいました。

① （　　　）
② （　　　）
③ （　　　）
④ （　　　）
⑤ （　　　）
⑥ （　　　）
⑦ （　　　）
⑧ （　　　）

12 文の 組み立て

主語と述語を正しく見つけたり、どの言葉が、どの言葉に係るかを考えたりする力をつける。そのほか、文の初めと終わりを明確にし、話の順序を考えながら文が作れる力を養う。

標準レベル

時間 10分　得点 /100

1 文の 中の「〜は」や「〜が」に あたる ところを しゅ語と いいます。つぎの 文の しゅ語に ——線を 引きなさい。【1つ5点・25点】

れい　きれいな 花が さきました。

① 妹が 学校から 帰って きました。

② つくえの 上には 国語の 本が あります。

③ ゆみ子と たけしは 七才に なりました。

④ 教室には ぼくだけが のこった。

⑤ おもしろいなあ、この 本は。

2 文の 中の「〜です。」「〜だ。」などに あたる ところを じゅつ語と いいます。つぎの 文の じゅつ語に ——線を 引きなさい。【1つ5点・40点】

れい　ぼくは 学校へ 行きました。

① 弟は 今年 一年生だ。

② きのう おいしい りょうりを 食べた。

③ 青い 空に 白い 雲が うかんで いました。

④ だれだ、そこに いるのは。

⑤ この花は 白くて うつくしい。

⑥ まどから 遠くの 山が 見えます。

⑦ お母さんが 作った ケーキは おいしい。

⑧ 雨が ふって きたので、家に 入った。

3 いみの とおる 文に なるように ――で つなぎなさい。【1つ3点・15点】

① ガラスが ●	● ぴょんと ●	● こぼれた。
② 魚(さかな)が ●	● ぽろぽろ ●	● はねた。
③ 米(こめ)つぶが ●	● ガチャンと ●	● なった。
④ チャイムが ●	● パチパチと ●	● われた。
⑤ たき火が ●	● ピンポンと ●	● もえた。

4 正しい ほうに、○を つけなさい。【1つ5点・20点】

① ぼくは { ㋐( ) よろこばせて ／ ㋑( ) よろこんで } 手つだいました。

② ねこが { ㋐( ) おいしそうに ／ ㋑( ) おいしく } えさを 食(た)べて いました。

③ わたしには { ㋐( ) 少(すこ)しは ／ ㋑( ) 少(すこ)しも } 分(わ)からないのです。

④ 子犬は { ㋐( ) さみしそうな ／ ㋑( ) さみしそうに } 目で こちらを 見て いました。

ハイレベル

時間 15分　得点 /100

1 つぎの 文を □の 中の 三つの なかまに わけて、しるしを つけなさい。【1つ3点・30点】

①（　）妹が なき出した。
②（　）お父さんは 学校の 先生です。
③（　）雪は つめたい。
④（　）ぼくは 走った。
⑤（　）外は さむい。
⑥（　）あの店が 花やです。
⑦（　）くだものは おいしい。
⑧（　）友だちが ころんだ。
⑨（　）わたしの 弟は 小学三年生です。
⑩（　）先生も わらった。

「何が どうする」……→○
「何が どんなだ」……→×
「何が 何だ」………→△

2 **れい**に ならって、ことばの じゅんじょを はんたいに した 言い方で 書きなさい。【1つ5点・20点】

れい 人形を 作りましょう。
（作りましょう、人形を。）

① おとぎの 国へ 行こうよ。
（　　　　　　　　）

② にんじんは きらいだ。
（　　　　　　　　）

③ ねこは ニャーニャーと 鳴きます。
（　　　　　　　　）

④ お兄ちゃんに こっちへ 来るように 言いなさい。
（　　　　　　　　）

3 いみの とおる 文に なるように、（　）に 番ごうを 書きなさい。【1つ10点・30点】

①
（　）弟に
（１）せっかく 作った
（　）こわされました
（　）人形を

②
（　）ころんだので
（　）ほけん室へ 行って
（１）体いくの 時間に
（　）走って いて
（　）手当を しました

③
（　）たくさんの 人が
（　）夕方
（１）きのうの
（　）火事が あって
（　）けがを したそうです

4 つぎの （　）の ことばを 入れる ことが できる ほうの 記ごうを 書きなさい。【1つ5点・20点】

①（ちっとも）
お母さんが ㋐あやして いるのに、赤ちゃんは ㋑なきやまない。
（　　）

②（うれしそうに）
弟は ㋐言いました。

「うわあ、おねえちゃん ㋑ありがとう。」

（　　）

③（あわてて）
少年の 声を ㋐聞くと、オオカミは ㋑山へ にげました。
（　　）

④（いきおいよく）
「㋐それっ。」と かけ声を かけて、㋑引っぱりました。

（　　）

最高レベル

時間 20分 得点 /100

1 （　）に 入る ことばを □から えらんで、記号で 書きなさい。【1つ6点・30点】

① この かぶと虫は、きのうの 夕方 公園で 見つけ（　）。

② おとしものは だれかが きっと 見つけて（　）。

③ わたしは おぼえる（　） 早い ほう（　） 思います。

④ おいかけたが、間に合い（　）。

㋐ ませんでした　㋑ ました　㋒ のが
㋓ だと　㋔ くれます　㋕ くれません

2 いみの とおる 文に なるように、（　）に 番ごうを 書きなさい。【1つ10点・30点】

①
㋐（　）お母さんの 友だちが
㋑（　）パンを やいて います
㋒（　）わたしの 家では
㋓（　）あつまって

②
㋐（　）学校へ 行きました
㋑（　）けがを しなかったので
㋒（　）ころんで しまいましたが
㋓（　）どろ道で
㋔（　）そのまま

③
㋐（　）えんがわで
㋑（　）お昼に なると
㋒（　）日曜日の
㋓（　）休けいします
㋔（　）べん強を やめて

3 つぎの 文しょうを 読んで、後の もんだいに 答えなさい。

この 前の 日曜日に、カレーライスを つくって お姉さんが くれました。
[　]と 玉ねぎを 切って いる お姉さんの そばで、ぼくと
（　）は あそんで いました。
「カレーライス、まだかなあ。」
小さな 声で 弟が 言いました。
しばらく すると、おいしい カレーの に
おいが して きました。

(1) ——線を 引いた 文を、いみが とおるように 正しく 書き直しなさい。【10点】

（　　　　　　　　　　）

(2) [　]に 入る ことばを、つぎの 中から えらんで、○で かこみなさい。【5点】

（ ドンドン ・ カラカラ ・ トントン ）

(3) 文の 中に 「おなかを すかした」と いう ことばを 入れたいと 思います。それが 入るのは どこですか。入る ところの 前と 後ろの ことばを （ ）に 書きなさい。【10点】

（　　　　）おなかを すかした（　　　　）

(4) （ ）に 入る ことばを つぎの 中から えらんで、○を つけなさい。【5点】

㋐（　）カレーライス
㋑（　）弟
㋒（　）おねえちゃん

(5) 〰線を 文に 合うように 書きかえなさい。【10点】

おいし[　　　]カレーの におい

リビューテスト 4

時間 10分 得点 /100

1 つぎの 文しょうを 読んで、後の もんだいに 答えなさい。

二人の 友だちと いっしょに かいた 「火の 用心」の ポスターが、学校の けいじばんに はられる ことに なりました。先生が、「よく かけて いるので、みんなに 見せて あげましょう。」と ㋐言って、しょくいん室に ㋑それを もって ㋒いったからです。

お昼休みに わたしは あや子さんを さそって、ポスターを 見に いきました。たくさんの 人が ポスターを ながめて いたので、少し はずかしく なりました。

(1) ポスターは 何人で かきましたか。【10点】

（　　）人

(2) ――線㋐㋒の ことばを、ていねいな 言い方に 書き直しなさい。【1つ10点・20点】

㋐（　　）

㋒（　　）

(3) ――線㋑の それは 何を さして いますか。【10点】

（　　）

(4) わたしは なぜ、はずかしく なったのですか。一つ えらんで、○を つけなさい。【10点】

（　）ポスターが へただから。

（　）自分の かいた ものが、たくさんの 人に 見られて いたから。

（　）あや子さんが いっしょに いるから。

2 つぎの 文しょうを 読んで、後の もんだいに 答えなさい。

きのうは 親せきの お姉さんの けっこんしき（ア）。

ぼくは、お父さんや お母さんと タクシーに のって、しき場まで 行きました。

タクシーの 中で お母さんが、

「お姉さんは よしおが まだ 赤ちゃんの ころ、よく かわいがって（イ）のよ。」

と 教えて くれました。

白い ドレスを きた お姉さんは、おひめさまのように きれいでした。

頭に ぼくの 手を おいて、

「よしおくん、来てくれて ありがとう。」

と 声で 言いました。

(1) この 文しょうを 書いた 人は だれですか。名前を 書きなさい。【10点】

（　　　　）

(2) ア・イには それぞれ どちらの ことばが 入りますか。正しい 方に ○を つけなさい。【1つ10点・20点】

ア［（　）でした・（　）です］

イ［（　）くれる・（　）くれた］

(3) 〰線の ところを、ことばを ならびかえて、いみが とおるように 書き直しなさい。【10点】

（　　　　）

(4) 「やさしい」と いう ことばが ぬけて います。どの ことばの 前に 入りますか。その ことばを 書きなさい。【10点】

……やさしい（　　　　）〜

13 しを 読む

情景を思い浮かべ、作者が何を伝えようとしているのかを理解し、作者の気持ちの流れや情景の美しさに加え登場人物たちのそれぞれの思いまでを深く読み取れる力を養う。

標準レベル

時間	得点
10分	/100

1 つぎの しを 読んで、後の もんだいに 答えなさい。

㋐肉を やく におい。
テレビの 音。
少し つめたい ㋑風。
もう、さようならの 時間です。
川の ところまで 歩いたら、
大きな 声で いいましょう。
さようなら、
また あしたね。
あしたも いっしょに あそぼうね。

(1) ㋐、㋑の 読み方を 書きなさい。【1つ5点・10点】

㋐（　　　） ㋑（　　　）

(2) いつの ようすを 書いて いますか。一つ えらんで ○を つけなさい。【10点】

（　）朝　（　）夕方　（　）夜

(3) さようならの 時間に なるまでは 何を して いたのですか。【10点】

友だちと（　　　　）。

(4) 川の ところで どう するのですか。【10点】

友だちと（　　　　）。

(5) 人が いった ことばを ぜんぶ 書き出しなさい。【10点】

（　　　　　　）

2 つぎの しを 読んで、後の もんだいに 答えなさい。

マコちゃんの 家の ほうから
とんで きたよ。
風に のって
たくさん たくさん
㋐とんで きたよ。
ピンクや 黄色の
光の 玉だ。
空が うつって いる。
木が うつって いる。
ぼくの 顔が うつって いる。
パチンと われたら
せっけんの においが したよ。

(1) 何を 書いた しですか。一つ えらんで ○を つけなさい。【10点】

( )風船 ( )シャボン玉
( )紙ひこうき

(2) 何を 書いた しなのかが はっきり わかる ことばを 一つ えらんで ○を つけなさい。【15点】

( )とんで きたよ
( )ピンクや 黄色
( )せっけんの におい
( )たくさん たくさん

(3) ――線㋐で、だれが とばして いるものですか。【10点】

( )

(4) ぼくの 顔の すぐ 近くを とんで いった ことが よく わかる 文を 書きなさい。【15点】

( )

ハイレベル

時間 15分

得点 /100

1 つぎの しを 読んで、後の もんだいに 答えなさい。

三時に なったら 電話を するからねって
言った くせに、
もう 時計の 長い はりは
右に ずっと かたむいて いる。★
お母さんの うそつき。
ぼくは ひざを かかえて
時計を にらむ。
手の ひらが
あせで べたべたする。
むねが どきどきする。
リーン、
と 遠くで ベルが なった。
ぼくは 電話まで 走って いった。

(1) ぼくは 何を して いますか。【10点】

（　　　　　　）

(2) だれが 電話を すると 言ったのですか。【10点】

（　　　　　　）

(3) ★の 文から どんな ことが わかりますか。どちらかに ○を つけなさい。【10点】

（　）もう 三時を すぎて いる。

（　）まだ 三時に ならない。

(4) 時計を にらんで いる ぼくの 気もちに 合う ものを ○で かこみなさい。【10点】

（ゆかいだ ・ ふあんだ ・ かなしい）

(5) ベルが なったとき、ぼくは どう しましたか。【10点】

（　　　　　　）

2 つぎの　しを　読んで、後の　もんだいに　答えなさい。

あの　工場の　むこうがわに
れんげばたけが　あるのです。
大きな　えんとつの　かげに
かくれて　いるので
よく　見えないけれど
ときどき　風に　のって
あまい　みつの　かおりが
ながれて　くるので　㋐わかります。

小鳥や　みつばちは　いつも
なかまと　あそびに　行くのです。
そこは　きっと　あたたかいから。
まるで　（　　★　　）
うつくしい、
春の　国に　ちがいないから。

(1) れんげばたけは　どこに　ありますか。【15点】

（　　　　　　）

(2) この　しを　書いた　人は、れんげばたけに　行った　ことが　あるでしょうか。ないでしょうか。【15点】

（　　　　　　）

(3) ——線㋐の「わかります」は　何が　わかるのですか。一つ　えらんで　○を　つけなさい。【10点】

（　）風が　ふく　こと。
（　）えんとつが　ある　こと。
（　）れんげばたけが　ある　こと。

(4) ★に　入る　ことばを　一つ　えらんで　○を　つけなさい。【10点】

（　）青い　海のように
（　）ピンクの　じゅうたんのように
（　）雪が　ふりつもったように

最高レベル

時間 20分　得点 /100

つぎの　しを　読んで、後の　もんだいに　答えなさい。

てんぷらうどんが　食べたい
と　おばあちゃんが　言ったので、
さむい　さむい　日曜日
㋐みんなで　近くの　うどんやへ　行った。
㋑おばあちゃんは　りょう手を　こすりながら
てんぷらうどん。
お父さんは　えりまきを　とりながら
なべやきうどん。
お母さんと　わたしは　㋒さっきから
ずっと　ずっと　メニューと　にらめっこ。
そして、やっと　きめたのが、きつねうどん。
いちばん　あとで　ちゅう文　したのに、
いちばん　早く　来たのは　きつねうどん。

(1) きせつは　いつですか。【10点】

（　　　　）

(2) ――線㋐の「みんな」とは、だれの　ことですか。【1つ5点・20点】

（　　　　）（　　　　）（　　　　）（　　　　）

(3) なぜ　うどんやへ　行ったのですか。【10点】

（　　　　）

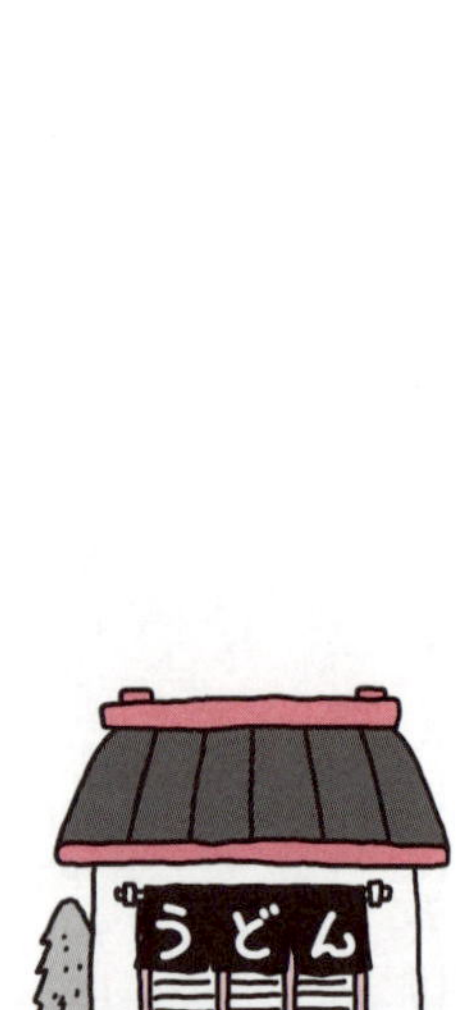

とうがらしを　かけて　いると、
うまそうだなあ
と　お父さんが　言った。
おばあちゃんは　まだ　手を　こすって　いる。
つぎに　来たのは　てんぷらうどん。
いただきます、も　言わないで
おばあちゃんは
どんぶりに　顔を　つっこんだ。　㋓
うどんやの　くもった　まどから
しずくが　ながれて
まるで　（　　㋔　　）
と　わたしが　言っても、
だまって　むちゅうで　食べて　いる。
お父さんの　なべやきは
まだ　来ない。
かわいそうだね。
お母さんと　顔を　見合わせて
わたしは　わらった。

(4)　——線㋑で　おばあちゃんは　なぜ　りょう手を　こすって　いるのですか。【15点】

（　　　　　　　　　　）

(5)　——線㋒の　「さっきから……メニューと　にらめっこ」と　いう　ことばから、どんな　ことが　わかりますか。【15点】

（　　　　　　　　　　）

(6)　㋓の　文から　おばあちゃんの　どんな　ようすが　わかりますか。一つ　えらんで　○を　つけなさい。【15点】

（　）おこって　いた。
（　）まちわびて　いた。
（　）ないて　いた。

(7)　㋔の　ところに　入る　文を　一つ　えらんで　○を　つけなさい。【15点】

（　）ガラスが　われた　みたいね。
（　）ガラスでは　ない　みたいね。
（　）ガラスが　ないて　いる　みたいね。

14 生活文を 読む

どのような出来事を書いた文なのか、時間の順序や行動の展開を正しく追いながら、作者の気持ちに合わせて読み取れる力を身につける。また長文を順序正しくよみながら、その情景が思い浮かべられる力を養う。

標準レベル

時間 10分
得点 /100

1 つぎの 文しょうを 読んで、後の もんだいに 答えなさい。

子犬の シロが いなくなったので、お兄ちゃんが 自てん車に のって さがしに いきました。ぼくも 家の まわりを、「シロ シロ。」と よびながら、さがしました。となりの 家の おばさんが、
「公園に いたよ。」
と 教えて くれました。ぼくは いそいで 公園へ 行きました。

(1) 何が いなくなったのですか。【10点】
（　　　）

(2) お兄ちゃんは どう しましたか。【10点】
（　　　）

(3) ぼくは どう しましたか。【10点】
（　　　）

(4) だれが 何を 教えて くれましたか。【10点】
（　　　）が
（　　　）

(5) ぼくは なぜ いそいで 公園に 行ったのですか。【10点】
（　　　）

2 つぎの 文しょうを 読んで、後の もんだいに 答えなさい。

きょうは ㋐日曜さんかんの 日です。㋑算数の ㋒時間に ㋓お父さんたちが ぞろぞろと ㋔教室に 入って きました。

ぼくは 算数が きらいなので、先生に あてられたら どうしようかと どきどきして いました。㋝みんなが 手を あげて いる ときも、ずっと 下を むいて ㋕教科書を にらんで いました。

そっと 教室の 後ろを 見ると、お父さんが じっと ぼくの ほうを 見て いました。

㋖家に ㋗帰ったら、「もっと べん強しなさい。」と ㋑しかられるだろうなあと ㋘思いました。

(1) ㋐〜㋘の 読み方を 書きなさい。【1つ2点・18点】

㋐（　　）㋑（　　）
㋒（　　）㋓（　　）
㋔（　　）㋕（　　）
㋖（　　）㋗（　　）
㋘（　　）

(2) いつの できごとですか。【10点】

（　　　　）

(3) ㋝線で みんなが 手を あげて いる とき ぼくは 何を して いましたか。【12点】

（　　　　）

(4) ㋑線で なぜ「しかられるだろうなあ」と 思ったのですか。一つ えらんで ○を つけなさい。【10点】

（　）教科書を 読んだから。
（　）手を あげなかったから。
（　）黒ばんの ほうを むいて いたから。

ハイレベル

時間 15分

得点 /100

1 つぎの　文しょうを　読んで、後の　もんだいに　答えなさい。

㋐ガラッと　まどを　あけると、どこからか　㋑ポロリンと　ピアノの　音が　聞こえて　きました。だれかが　ピアノの　れんしゅうを　して　いるのでしょう。音は　大きく　なったり　小さく　なったり　しながら、わたしの　家の　ほうへ　ながれて　きました。

　わたしは　つくえの　上から　㋒色紙を　一まい　とって　きて、紙ひこうきを　おりました。そして、えいっと　まどから　とばしました。

　㋓それは　ピアノの　音に　あわせて、空を　ぐるぐる　回りました。

(1) つぎは　何の　音ですか。【1つ5点・10点】

――線㋐「ガラッ」（　　　　）

――線㋑「ポロリン」（　　　　）

(2) ピアノの　音が　聞こえて　きたとき、どう　思いましたか。【10点】

（　　　　）

(3) ――線㋒の　色紙は　どこに　ありましたか。【10点】

（　　　　）

(4) ――線㋓の「それ」とは　何の　ことですか。【10点】

（　　　　）

(5) 「それ」は　どう　なりましたか。【10点】

（　　　　）

2 つぎの 文しょうを 読んで、後の もんだいに 答えなさい。

お母さん㋐と 妹㋑と 三人で おふろに はいりました。

お母さんが 妹の せなかを あらって いる 間㋒、わたしは お母さんの せなかを ごしごしと あらって あげました。

「お母さんの せなかは 広い㋓から たいへんだなあ。」

と わたしが いうと、お母さんは ふりむいて にっこり わらいました。そして、せっけんの あわを わたしの はなの 頭㋔に ちょこんと つけました。

「おねえちゃんの おはなが 白く なった。」

妹が わたしの 顔を 見て わらいました。

(1) ㋐～㋔の 読み方を 書きなさい。【1つ4点・20点】

㋐（　　　）　㋑（　　　）

㋒（　　　）　㋓（　　　）

㋔（　　　）

(2) だれが だれの せなかを あらったのですか。二つ えらんで ○を つけなさい。【1つ5点・10点】

（　）妹が お母さんの せなか

（　）わたしが お母さんの せなか

（　）わたしが 妹の せなか

（　）お母さんが 妹の せなか

（　）お母さんが わたしの せなか

(3) ～～線で 何が たいへんだなあと 思ったのですか。【10点】

（　　　）

(4) 妹は なぜ わらったのですか。【10点】

（　　　）

最高レベル

時間 20分

得点 ／100

つぎの 文しょうを 読(よ)んで、後(あと)の もんだいに 答(こた)えなさい。

お寺㋐の 近(ちか)くで 夜店㋑が ひらかれました。土曜日㋒の 夜(よる)なので、家(か)ぞく みんなで 行(い)って みる ことに しました。

わたしは お母(かあ)さんに ゆかたを きせて もらいました。そして、いちばん 早(はや)く 外(そと)へ 出ました。弟(おとうと)は お父(とう)さんに かた車を して もらって とても うれしそうです。おばあちゃんは うちわを パタパタ しながら、お母(かあ)さんと いっしょに 歩(ある)いて きました。

夜店の そばには たくさんの 人が あつまって いました。わたしは 金魚(きんぎょ)すくいが したかったので、お母(かあ)さんに おこづかいを もらいました。でも、二回(にかい) すくって しっぱ

(1) ㋐〜㋗の 読(よ)み方(かた)を 書(か)きなさい。【1つ3点・24点】

㋐（　　） ㋑（　　）

㋒（　　） ㋓（　　）

㋔（　　） ㋕（　　）

㋖（　　） ㋗（　　）

(2) どこで 何(なに)が ひらかれましたか。【10点】

（　　）で（　　）が ひらかれた。

(3) 弟(おとうと)は なぜ うれしそうだったのですか。【10点】

（　　）

(4) 夜店を まわった じゅん番(ばん)に 店の 名前(なまえ)を 書(か)きなさい。【1つ4点・12点】

（　　）

（　　）

（　　）

いして しまいました。「どれ、かしてごらん。」と 言って おばあちゃんが すくうと、三びきも とれました。

「わたあめ ㋓食べる。」

と、弟が 言ったので、みんなで ㋔買いに 行きました。わたあめの お店には、子どもが たくさん ならんで いました。

それから、ヨーヨーつりを しに 行きました。お父さんが 大きい ヨーヨーを 二つ とって くれました。

帰り道、㋕同じ 二年二組の 大川さんに ㋖会いました。大川さんは お姉さんと 二人で 夜店に 来たのだそうです。学校の しゅくだいの 話を しながら、いっしょに ㋗帰りました。

(5) わたしと いっしょに 行った人を 書きなさい。【1つ4点・16点】

（　　　）（　　　）

（　　　）（　　　）

(6) 〰線で 「三びきも」と ありますが なぜ こう 書いたと 思いますか。どちらかに ○を つけなさい。【10点】

（　）少ししか とれなくて くやしかったから。

（　）たくさん とれて うれしかったから。

(7) 帰り道に だれと 会いましたか。【10点】

（　　　）

(8) これは いつの きせつの できごとですか。また、それは どの ことばで わかりますか。【1つ4点・8点】

きせつ……（　　　）

ことば……（　　　）

15 手紙文を 読む

「前置き」「本文」「後書き」から成る基本的な手紙文の形式を学習し、誰に何のために書かれたものなのかを読み取る力を身につける。また長い手紙から用件の要点が押さえられる力を養う。

標準レベル

時間	得点
10分	/100

1 つぎの 手紙を 読んで、後の もんだいに 答えなさい。

まり子さん、わたしは 今、かなざわに あそびに 来て います。こちらは とても うつくしい ところです。きょうは おしろを 見学して きました。しゃしんを たくさん とりました。まり子さんへの おみやげも 買ったので、楽しみに して いて くださいね。

五月三日

上原ゆう子

小田まり子さんへ

(1) この 手紙は だれが 書いたのですか。【10点】

（　　　　）

(2) この 手紙は どこで 書いたのですか。【10点】

（　　　　）

(3) そこは どんな ところだと 書いて ありますか。【15点】

（　　　　）

(4) この 手紙で 知らせて いる ことを、すべて えらんで ○を つけなさい。【1つ5点・15点】

（　）かなざわへ あそびに 来た。
（　）絵を かいた。
（　）おしろを 見学した。
（　）おべんとうを たべた。
（　）おみやげを 買った。

2 つぎの 手紙を 読んで、後の もんだいに 答えなさい。

おじいちゃん、お元気ですか。

あしたから わたしたちの 学校も 夏休みに なります。つうしんぼの 国語と 算数がよかったので、先生に ほめられました。お父さんと お母さんも、

「よく がんばったね。」

と ほめて くれました。

八月に なったら、おじいちゃんの 家へあそびに 行きますね。わたしは もう 十メートルも およげるように なりました。おじいちゃんと いっしょに 海で およぐのを楽しみに して います。

七月二十日
秋田やよい
おじいちゃんへ

(1) この 手紙は だれが 書いたのですか。【10点】
(　　　　)

(2) 先生に 何を ほめられたのですか。【15点】
(　　　　)

(3) 「よく がんばったね。」と 言ったのは だれですか。【15点】
(　　　　)

(4) この 手紙で いちばん 言いたかった ことは 何ですか。(　)に ○を つけなさい。【10点】
(　) あしたから 夏休みに なります。

(　) 八月に なったら、おじいちゃんの 家へ あそびに 行きます。

(　) もう 十メートルも およげるように なりました。

ハイレベル

時間 15分

得点 /100

1 つぎの 手紙を 読んで、後の もんだいに 答えなさい。

前山先生、きょうは 体いくの 時間に さわいで ごめんなさい。
なわとびを かたづける とき 谷くんに、
㋐「なわとびが へただね。」
と 言われたので、㋑頭が かあっと なったのです。それで、ぼくが 谷くんの せなかを おして、けんかに なりました。でも、谷くんが ないたので、
㋒「しまった。」
と 思いました。もう ぜったい けんかは やめようと 思います。

大森みつる

前山先生へ

(1) これは どんな 手紙ですか。一つ えらんで ○を つけなさい。【10点】

（　）お知らせの 手紙

（　）おわびの 手紙

（　）おれいの 手紙

(2) ——線㋐と 言ったのは だれですか。【10点】

（　　　　）

(3) ——線㋑とは どういう いみですか。【10点】

（　　　　）

(4) なぜ ——線㋒と 思ったのですか。【10点】

（　　　　）

(5) この 手紙を 書いた 人は、これから どう しようと 思って いますか。それが わかる ところに 〜〜線を 引きなさい。【10点】

2 つぎの　手紙を　読んで、後の　もんだいに　答えなさい。

おじさん、きのうは　はたけを　かして　もらって　ありがとうございました。

いもほりは　はじめてだったので、とても楽しかったです。やすしくんも　かずおくんも、「おもしろかったなあ。また　らい年も　したいなあ。」と　言って　いました。

もって　帰った　いもは、よく　あらってから、お母さんに　ふかしいもを　作って　もらいました。あまくて　おいしかったです。

こんどは　いもが　できるまでの　話を　聞かせて　くださいね。

こういち

山田の　おじさんへ

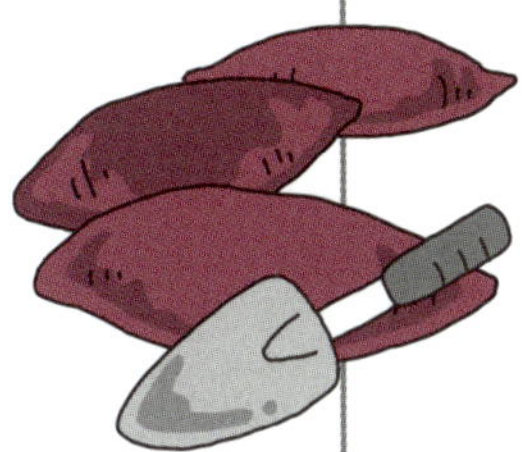

(1) だれが　何の　おれいを　書いて　いますか。【1つ5点・15点】

（　　　　）が（　　　　）を（　　　　）おれい

(2) この　手紙を　書いた　人は、だれと　いもほりに　行きましたか。【10点】

（　　　　）（　　　　）

(3) 何を「らい年も　したいなあ。」と　言ったのですか。【5点】

（　　　　）

(4) もって　帰った　いもは、どうしましたか。【10点】

（　　　　）

(5) この　手紙の　中で、どんな　ことを　おねがいして　いますか。【10点】

（　　　　）

最高レベル

時間 20分　得点 ／100

つぎの 手紙を 読んで、後の もんだいに 答えなさい。

お姉ちゃん、元気ですか。
お姉ちゃんが 一人で おばあちゃんの 家へ 行ってから、もう 五日が すぎました。せっかくの 夏休みなのに お姉ちゃんが いないと さみしいです。でも、うれしい ことも あります。ごはんの ときは お姉ちゃんが いないので、わたしの すきな ものを いっぱい 食べられます。
きょうは ラジオ体そうが おわってから、さゆりちゃんと いっしょに 学校へ 行きました。花だんの ひまわりに 水を やりに 行ったのです。となりの 花だんでは、お姉ちゃんと 同じ 六年一組の 山本さんが お花

(1) この 手紙を 書いた 人と もらった 人には、どんな つながりが ありますか。一つ えらんで ○を つけなさい。【10点】

（　）友だち　（　）いとこ

（　）きょうだい

(2) この 手紙を もらった 人は、今 どこに いますか。【10点】

（　　　　　　　　）

(3) どんな できごとを 知らせて いますか。すべて えらんで ○を つけなさい。【1つ10点・20点】

（　）夏休みに なった。

（　）学校の ひまわりに 水を やった。

（　）さゆりちゃんと あそんだ。

（　）山本さんに 会った。

（　）山本さんが りょこうする。

に　水を　やって　いましたよ。お姉ちゃんがおばあちゃんの　家へ　行って　いる　ことを話すと、

㋐「いいわね。わたしも　どこかへりょこうしたいわ。」

と　言って　いました。

らい年は　わたしも、お姉ちゃんと　いっしょに　おばあちゃんの　家に　行きたいです。

お母さんも、

「三年生に　なったら　ゆるして　あげますよ。」

と　言って　くれました。

それでは、お姉ちゃんも　楽しい　夏休みをすごして　ください。おばあちゃんにも　よろしくね。

七月三十一日

てる子

お姉ちゃんへ

(4) ——線㋐と　言ったのは　だれですか。【10点】

（　　　　）

(5) その　人は、何が　「いいわね。」と　思ったのでしょうか。【15点】

（　　　　）

(6) 三年生に　なったら、お母さんが　ゆるして　くれる　ことは　何ですか【15点】

（　　　　）

(7) お姉ちゃんが　いない　ことで、うれしい　ことが　あります。それは　どんな　ことですか。【20点】

（　　　　）

リビューテスト 5

時間 10分　得点 ／100

1 つぎの しを 読んで、後の もんだいに 答えなさい。

ほっこり やきいも、
くりひろい。
とんぼの むれと、
きんもくせい。
この 山の （★）が
赤く 赤く かわるのも、
きっと
もうすぐだね。 ※
遠い おまつりの 声を ききながら、
こぐまの きょうだいは
かげふみあそびを くりかえして いる。

(1) この しの きせつは いつですか。【10点】

（　　　）

(2) ★に 入る ことばを 一つ えらんで、○を つけなさい。【15点】

（　）道
（　）はっぱ
（　）どうぶつ

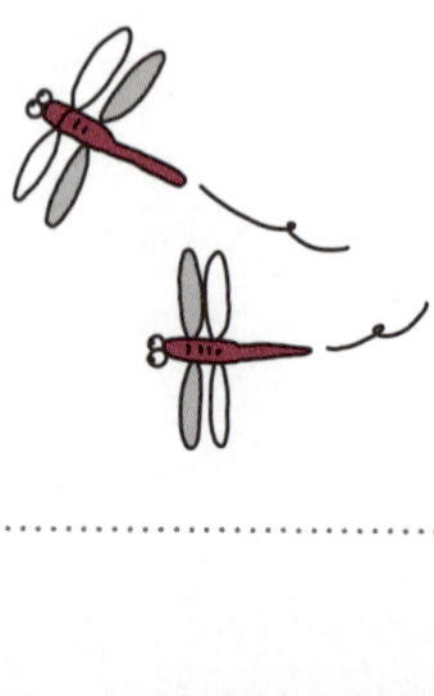

(3) ※の ことばを 言ったのは どちらですか。○を つけなさい。【10点】

（　）おまつりの 人
（　）こぐまの きょうだい

(4) この しを 読んで、どんな かんじが しましたか。一つ えらんで、○を つけなさい。【10点】

（　）明るい
（　）こわい
（　）しずか

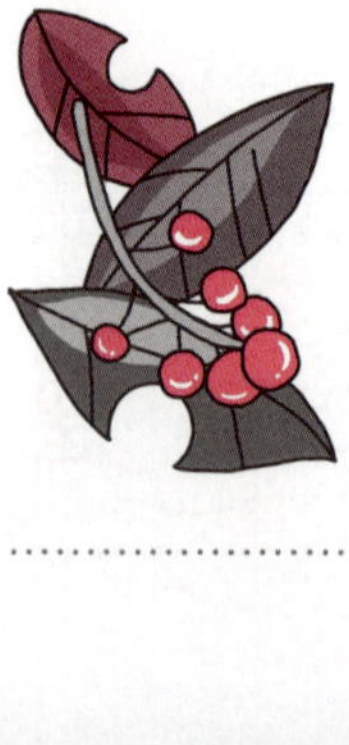

2 つぎの 手紙を 読んで、後の もんだいに 答えなさい。

くに子さん、お元気ですか。

もう すぐ、冬休みですね。こちらは、きょう 少し 雪が ふりました。㋐そちらの ほうは どうですか。

冬休みに なったら、くに子さんに 会いたいなあと 思って います。今年も また、わたしの 家で クリスマス会を する つもりなので、もし よければ お母さんと いっしょに 来て ください。わたしの お母さんも、くに子さんの お母さんに とても 会いたがって います。

それでは、おへんじを まって います。

十二月 十八日

大谷りか

寺田くに子さんへ

(1) この 手紙は だれから だれに 書いた ものですか。【10点】

（　　　　）から

（　　　　）へ

(2) ──線㋐で どんな ことを たずねて いますか。【15点】

（　　　　）

(3) この 手紙から、どんな ことが わかりますか。○を つけなさい。【15点】

（　）手紙は 冬休みに 書かれた。

（　）くに子と りかは、はなれた ところに すんで いる。

（　）くに子と りかは、同じ クラスの 友だちである。

(4) この 手紙で、いちばん 言いたかった ところに ──を 引きなさい。【15点】

16 記ろく文・かんさつ文を　読む

記録文や観察文がどのようなものであるかを知り、文中から事実を的確におさえ、読み手に何を伝えようとしているのかを読み取る力を身につける。

標準レベル

時間 10分　得点 /100

1 つぎの　文しょうを　読んで、後の　もんだいに　答えなさい。

にわの　みかんの　木に、あげはちょうの　よう虫が　ついて　いました。よう虫は　みどり色を　して　いて、まるまると　太って　います。ゆびで　つつくと、頭の　ところから　オレンジ色の　角が　出て　きました。そして、くさい　においを　出しました。

さなぎに　なるまで　かんさつを　する　ために、よう虫に　みかんの　木の　えだごと　あみの　ふくろを　かぶせました。

(1) 何の　よう虫を　かんさつした　文しょうですか。【10点】

（　　　　）

(2) よう虫は　どこに　いましたか。【10点】

（　　　　）

(3) よう虫は　どんな　色や　ようすを　して　いましたか。【10点】

（　　　　）

(4) ゆびで　つつくと、どう　なりましたか。じゅん番に　二つ　書きなさい。【1つ5点・10点】

①（　　　　）

②（　　　　）

(5) なぜ　あみの　ふくろを　かぶせたのですか。【10点】

（　　　　）

2 つぎの 文しょうを 読んで、後の もんだいに 答えなさい。

川や 池で すくってきた 水を しらべました。とうめいな 水なので ㋐一見しても、この 水の 中に 生きものの すがたは 見えません。

しかし、その 水の 一てきを ガラス板に のせ、けんびきょうで のぞいてみると、たくさんの [★]を 見ることが できました。

これは、プランクトンと よばれて います。みどり色の ものは、まったく うごきません。三日月や 長い ひも、花のような 形を して います。㋑それとは べつに、よく うごく プランクトンを 見る ことが できました。体に 毛の ある ものや ラッパのような [☆]を した ものなどです。

(1) 何を しらべましたか。【10点】

（　　　）

(2) ――線㋐の 「一見」は、どの いみで つかわれていますか。よい ほうに ○を つけなさい。【10点】

（　）ちょっと 見ると。

（　）一回 見ると。

(3) [★]に 入る ことばを 文中から 四文字で さがしなさい。【10点】

[　　　　]

(4) ――線㋑が さして いる ものは 何ですか。【10点】

（　　　）

(5) [☆]に 入る かん字を ○で かこみなさい。【10点】

〔色・花・形・水〕

ハイレベル

時間 15分　得点 /100

1 つぎの 文しょうを 読んで、後の もんだいに 答えなさい。

お兄ちゃんが あまがえるを もって 帰って きたので、水そうに 入れました。水そうの そこに 少し 土を しいて やると、みどり色を して いた あまがえるが 茶色に かわりました。土の 色と 同じです。

草を さし出すと、ゆびを まげて 上手に つかまりました。ゆびと ゆびの 間に、うすい まくが あるのが 見えます。ガラスに とまらせて うらから 見ると、たこの きゅうばんのように ぴったりと くっついて いました。

(1) 何を かんさつした 文しょうですか。【10点】

(　　　　)

(2) それは 土の 上に おくと、何色から 何色に かわりましたか。【1つ5点・10点】

(　　　)色 → (　　　)色

(3) ゆびは どんな しくみに なって いますか。それぞれの ときに 合わせて 書きなさい。【1つ10点・20点】

① 草に つかまる とき。

(　　　　)

② ガラスの 上に いる とき。

(　　　　)

(4) ゆびと ゆびの 間に 何が ありますか。【10点】

(　　　　)

2 つぎの　文しょうを　読んで、後の　もんだいに　答えなさい。

今日は　友だちの　家で　あぶり出しを　しました。
りんごを　すりおろした　しるを、ふでに　たっぷりと　つけます。そして、白い　紙に　うさぎの　絵を　かきました。その　紙を　火で　あぶると、だんだん　うさぎの　顔が　うかんで　きます。りんごの　つぎは　みかんの　しるで　かいて　みました。火で　あぶると、同じ　ように　絵が　うかんで　きました。長い　時間　あぶるほど、絵は　はっきりと　あらわれます。
ためしに　水で　かいた　ものを　あぶって　みました。でも、これは　何も　うかんで　きませんでした。

(1) どこで　何を　した　記ろくですか。【1つ5点・10点】

① どこで　（　　　　）

② 何を　（　　　　）

(2) した　じゅんに　番ごうを　つけなさい。【20点】

（　）みかんの　しるで　絵を　かいた。

（　）りんごを　すりおろした。

（　）水で　絵を　かいた。

（　）りんごの　しるで　絵を　かいた。

(3) 絵を　はっきりと　うきあがらせる　ためには、どんな　ことを　しますか。【10点】

（　　　　）

(4) 何も　うかんで　こないのは、何で　かいた　ものですか。【10点】

（　　　　）

つぎの 文しょうを 読んで、後の もんだいに 答えなさい。

時間 20分

得点 /100

夏の 夜、ぼう遠きょうで 星空を かんさつして みました。

星ざは 春、夏、秋、冬と、きせつに よって いろいろに いちを かえるそうです。とくに、夏の星空は 天の川や さそりざなどが あり、とても はなやかだと いいます。

まず、ぼう遠きょうで 天の川を 見て みました。目で 見ると ぼんやりと した 雲のようですが、本当は たくさんの 星が あつまって できて いる ことが 分かりました。

たなばたの ものがたりでも ゆう名な おりひめと ひこぼしは、この 天の川を はさんだ りょうがわに あります。図かんで しらべると、天の川の 西がわで 光って いるのが おりひめの ベガで、はんたいがわで 光って いるのが ひこ星の アルタイルと 書いて ありました。どちらも 大きくて 明るく、分かりやすい 星です。

天の川に しっぽを ひたすように して さそりざが 見えます。南の 空の あまり 高くない いちに ならんで いる 星です。また、さそりの 心ぞうに あたる ぶ分には、赤く 光る 星が あります。これが アンタレスと いう 一とう星です。その そばに くらい 星が 見えますが、これは、ぼう遠きょうで 見ると 一つの 星では なくて、いくつもの くらい 星が あつまって います。

(1) いつの きせつの 記ろくですか。また、何のかんさつですか。【1つ5点・10点】

① きせつ……(　　)

② 何……(　　)

(2) 何を つかって かんさつして いますか。【10点】

(　　)

(3) それぞれ 天の川は どのように 見えますか。【1つ10点・20点】

① 目で 見た とき

(　　)

② ぼう遠きょうで 見た とき

(　　)

(4) 天の川の りょうがわに ある 星の 名前を それぞれ 書きなさい。【1つ5点・10点】

① おりひめ……→(　　)

② ひこ星……→(　　)

(5) (4)の 星は どんな 星ですか。【10点】

(　　)

(6) さそりざは どの いちに ありますか。【10点】

(　　)

(7) アンタレスとは、どこに ある、どんな 星ですか。【1つ10点・20点】

① どこに ありますか。

(　　)

② どんな 星ですか。

(　　)

(8) アンタレスの そばには どんな 星が 見えますか。【10点】

(　　)

17 せつ明文を 読む

一つ一つの事柄を正しく読み取り、その中で何が最も大事なことであるのかが判断できる力を養う。また、学びとれる事柄を全ておさえ、正確な知識が得られる力を身につける。

標準レベル

時間 10分

得点 /100

1 つぎの 文しょうを 読んで、後の もんだいに 答えなさい。

かたつむりは、さざえや たにしと ㋐同じ 貝の なかまです。大むかしは 水の 中に すんで いたので、りくの 上で ㋑生活するように なってからも、雨の ふる 日が 大すきです。

㋒晴れた 日や、空気の かわいた 日には、木や 草の かげに かくれて じっと して います。

(1) ㋐〜㋒の 読み方を 書きなさい。【1つ3点・9点】

㋐(　　　) ㋑(　　　)

㋒(　　　)

(2) かたつむりと 同じ なかまの 貝の 名前を 二つ 書きなさい。【1つ4点・8点】

(　　　) (　　　)

(3) かたつむりは、なぜ 雨の ふる 日が 大すきなのですか。【10点】

(　　　)

(4) かたつむりは、どんな 日に 木や 草の かげに かくれますか。正しい ものに ○を つけなさい。【20点】

(　) 雨の ふる 日

(　) 空気の かわいた 日

(　) 晴れた 日

(　) 空気の しめった 日

2 つぎの 文しょうを 読んで、後の もんだいに 答えなさい。

㋐夜空に ㋑光る ㋒星は、地きゅうに すんで いる わたしたちの ㋓目(肉がん)で 六千こも 見る ことが できると 言われて います。

星にも いろいろな しゅるいが あり、生まれたばかりの 星から、大人の 星、そして、年を とった 古い 星まで たくさん あります。

また、星の ㋔色で その しゅるいや おんどを くらべる ことも できます。

たとえば、青白く かがやいて いるのは、おんどの ㋕高い わかい 星です。そして、赤く かがやいて いるのは、おんどの ひくい おじいさんの 星です。

(1) ㋐〜㋕の 読み方を 書きなさい。【1つ3点・18点】

㋐(　　) ㋑(　　) ㋒(　　)

㋓(　　) ㋔(　　) ㋕(　　)

(2) 星には どんな しゅるいが ありますか。三つ 書きなさい。【1つ5点・15点】

①(　　)

②(　　)

③(　　)

(3) 星の 色を 見て、どんな ことが わかりますか。【10点】

(　　)

(4) つぎの 色を した 星は どんな 星ですか。【1つ5点・10点】

① 青白い 星 (　　)

② 赤い 星 (　　)

ハイレベル

時間 15分

得点 /100

1 つぎの 文しょうを 読んで、後の もんだいに 答えなさい。

かまきりは すぐに なかまと けんかを するので、かう ときは かならず 一ぴきだけ はこに 入れます。秋に おなかの 大きい めすを つかまえて かうと、たまごを うむ ところも かんさつできます。夏の はじめには、たまごから 小さな よう虫が うまれます。

えさは できるだけ 生きて いる 虫を やりましょう。しんだ 虫を やる ときは、ピンセットなどで はさんで かまきりの 前で うごかします。水も わすれずに あたえます。

(1) この 文しょうは 何に ついて せつ明して いますか。一つ えらんで ○を つけなさい。【10点】

（　）かまきりの とり方

（　）かまきりの かい方

（　）かまきりの しゅるい

(2) なぜ はこには 一ぴきしか 入れないのですか。【10点】

（　　　　　　　　　　　）

(3) おなかの 大きい めすを つかまえると、何が かんさつできますか。【10点】

（　　　　　　　　　　　）

(4) どんな えさを あたえるのが よいのですか。【10点】

（　　　　　　　　　　　）

(5) えさの ほかに 何を あたえますか。【10点】

（　　　　　　　　　　　）

2 つぎの 文しょうを 読んで、後の もんだいに 答えなさい。

きりんは せが 高く、首と 足が 長い どうぶつです。アフリカの かわいた 草原に、小さな むれを つくって 生活して います。

食べものは おもに 木の はっぱや 草です。ほかの けものたちが とどかないような 高い 木の はっぱを、長くて よく まがる したで まきつけて とります。そのかわり、地めんに 生えて いる 草を 食べたり、水を のむ ときは たいへんです。足を 広げて、むりな しせいを しなければ ならないからです。

(1) きりんは どんな どうぶつですか。【10点】

（　　　　）

(2) きりんは どこに すんで いますか。【10点】

（　　　　）

(3) きりんは 何を 食べますか。【10点】

（　　　　）

(4) ――線で、どんな ことを する ときが たいへんなのですか。二つ 書きなさい。【1つ5点・10点】

①（　　　　）

②（　　　　）

(5) ――線で、たいへんで ある わけを 書きなさい。【10点】

（　　　　）

最高レベル

時間 20分

得点 /100

つぎの 文しょうを 読んで、後の もんだいに 答えなさい。

左の むねの 少し 下に、手の ひらを あてて みましょう。何かが ぴくりぴくりと、きそく 正しく うごいて いるのが 分かります。これは ㋐心ぞうが うごいて いるのです。

心ぞうは きん肉で できて いる ふくろです。大きさは にぎりこぶしぐらい あります。手や 足の きん肉とは ちがって、ひとりでに ちぢんだり ふくらんだり します。そして、㋑体の 中に けつえきを おし出したり、すいこんだり するのです。

心ぞうが うごくのを やめて、けつえきが ながれなく なると、㋒人間は すぐに しんで しまいます。だから、生まれてから しぬまで、ねて いる ときも おきて いる ときも、心ぞうは 休まずに はたらき つづけて いるのです。

うれしい ことや 心ぱいな ことが あると むねが どきどきします。びょう気に なって ねつが 出たり した ときも、同じように 心ぞうが どきどきと はやく うちます。はんたいに、ねむって いる ときは ゆっくり うちます。このように、心ぞうが けつえきを おくる はやさは、場合によって ぜんぜん ちがって きます。

(1) この　文しょうは　何に　ついて　せつ明して　いますか。一つ　えらんで　○を　つけなさい。【10点】

（　）心ぞう　（　）むね　（　）けつえき

(2) ㋐〜㋒の　読み方を　書きなさい。【1つ5点・15点】

㋐（　　）㋑（　　）㋒（　　）

(3) 心ぞうは　どのように　うごいて　いますか。【10点】

（　　　　）うごいて　いる。

(4) 心ぞうとは　どんな　ものですか。【10点】

（　　　　）

(5) その　大きさは　どのくらいですか。【10点】

（　　　　）

(6) 心ぞうの　きん肉が　手や　足の　きん肉と　ちがう　ところを　書きなさい。【10点】

（　　　　）

(7) 心ぞうは　どんな　はたらきを　して　いますか。【10点】

（　　　　）

(8) 心ぞうが　うごかなく　なると、人間は　どう　なりますか。【10点】

（　　　　）

(9) 心ぞうが　はやく　うつのは　どんな　ときですか。三つ　書きなさい。【1つ5点・15点】

（　　　　）
（　　　　）
（　　　　）

18 ものがたり文を 読む

登場人物を明確にとらえ、その行動や会話などから気持ちが読みとれる力を身につける。また表現の面白さや状況の奇抜さから想像力を刺激し、物語について考える力を養う。

標準レベル

時間	10分
得点	/100

1 つぎの 文しょうを 読んで、後の もんだいに 答えなさい。

かえるの 村で ジャンプ大会が ひらかれる ことに なりました。村で いちばん 大きな かえるが、㋐むねを はって 言いました。

「ゆうしょうは ぼくに きまっているよ。」

ところが、ゆうしょうしたのは 村でも いちばん 小さな かえるでした。

大きな かえるは はずかしく なって、とんで 帰って しまいました。

(1) どこで 何が ひらかれましたか。【1つ10点・20点】

① どこで…（　　　）

② 何が……（　　　）

(2) ――線㋐の ことばから、どんな ことが わかりますか。一つ えらんで ○を つけなさい。【10点】

（　）こわがって いる。

（　）むねを たたいて いる。

（　）じしんが ある。

(3) ゆうしょうしたのは だれですか。【10点】

（　　　）

(4) 大きな かえるは どうして はずかしく なったのですか。【10点】

（　　　）

2 つぎの　文しょうを　読んで、後の　もんだいに　答えなさい。

うさぎと　りすと　きつねが　かくれんぼを　する　ことに　なりました。

じゃんけんに　まけた　りすが　おにに　なりました。りすは　目を　とじて、十まで　数えました。それから、大きな　声で、言いました。

「もう　いいかい。」

はじめに、うさぎの　声が　しました。つぎに　きつねも、言いました。

「もう　いいよ。」

りすは　目を　あけると、森の　中を　そろそろと　歩き出しました。森は　とても　くらくて　しんと　して　います。みんなは　なかなか　見つかりません。りすは　だんだん　さびしくなって　きました。

(1) どんな　どうぶつが　出て　きましたか。出て　きた　どうぶつを　書きなさい。【1つ5点・15点】

(　　)(　　)(　　)

(2) 何を　して　あそぶ　ことに　なりましたか。【5点】

(　　)

(3) りすは　なぜ　おにに　なったのですか。【5点】

(　　)

(4) はじめに　「もう　いいよ。」と　言ったのは　だれですか。【5点】

(　　)

(5) 森の　中は　どんな　ようすでしたか。【10点】

(　　)

(6) ――線で　りすは　なぜ　さびしくなって　きたのですか。【10点】

(　　)

ハイレベル

時間 15分

得点 　／100

1 つぎの　文しょうを　読んで、後の　もんだいに　答えなさい。

「ポチ、あぶないよ。」
ポチは　たろうの　うでの　中から　ぬけ出すと、川に　とびこみました。
川の　中には、子ねこの　入った　はこが　ぷかぷかと　ういて　いました。ポチは　その　はこの　はしっこを　くわえると、たろうが　まって　いる　ほうへ　およぎ出しました。
「りこうな　犬だね。」
ちょうど　川の　そばを　通りかかった　おじさんが　言いました。
子ねこは　はこの　中で　ふるえながら、ニャーニャーと　鳴いて　いました。

(1) この　文しょうに　出て　くる　どうぶつを　書きなさい。【1つ5点・10点】

（　　　　）（　　　　）

(2) ——線は　だれが　言った　ことばですか。一つ　えらんで　○を　つけなさい。【10点】

（　）たろう　（　）子ねこ

（　）おじさん

(3) ポチが　した　じゅんに　番ごうを　つけなさい。【1つ5点・20点】

（　）川へ　とびこんだ。

（　）はこを　くわえた。

（　）うでの　中から　ぬけ出した。

（　）たろうが　まって　いる　ほうへ　およぎ出した。

(4) 子ねこは　はこの　中で　どうして　いましたか。【10点】

（　　　　）

2 つぎの　文しょうを　読んで、後の　もんだいに　答えなさい。

「おなかが　すいたよう。」
と　ミケが　のり子に　言いました。
「お母さん、ミケに　ごはんを　あげて。」
のり子が　おねがいすると、お母さんは、
「さっき　あげた　ばかりでしょう。」
と　わらいながら　言いました。
㋐「でもね、ミケが　おなか　すいたって　いうの。」
お母さんは　ふしぎそうな　顔を　して、
「ミケが　おしゃべり　するの？」
と　のり子に　たずねました。
㋑「ねこは　人間の　ことばを　話したり　しないものよ。」
「でも…」のり子は　ぷうっと
ほっぺたを　ふくらませました。

(1) この　文しょうに　出て　くる　どうぶつを　書きなさい。【5点】

（　　　　　）

(2) ――線㋐と　㋑は、それぞれ　だれが　言った　ことばですか。【1つ10点・20点】

㋐（　　　　　）

㋑（　　　　　）

(3) のり子は　なぜ　お母さんに　ミケの　ごはんを　おねがいしたのですか。【15点】

（　　　　　）

(4) 「ぷうっと　ほっぺたを　ふくらませました。」と　いう　ことばから、どんな　ようすが　わかりますか。一つ　えらんで　○を　つけなさい。【10点】

（　）わらって　いる。

（　）おこって　いる。

（　）ないて　いる。

最高レベル

時間 20分　得点 /100

■ つぎの 文しょうを 読んで、後の もんだいに 答えなさい。

げんかんの ドアを あけると、㋐そこには 一ぴきの カンガルーが 立って いました。
「こんにちは。」
ぴょこんと 頭を 下げて、カンガルーが 言いました。
「こんにちは。」
かずおも ぺこんと 頭を 下げました。カンガルーは おなかの ポケットから 一まいの 地図を とり出して 言いました。
「あなたが 南町二ちょう目に すんで いる 池田かずおさんですね。」
かずおは 目を まん丸にして、そこに 立って いる カンガルーの 頭の てっぺんから 足の 先まで じっと 見ました。そして、

(1) げんかんの ドアを あけたのは だれですか。【10点】
（　　　　）

(2) ――線㋐は どこの ことですか。どちらかに ○を つけなさい。【10点】
（　）ドアの 外
（　）へやの 中

(3) カンガルーは おなかの ポケットから どんな ものを とり出しましたか。二つ 書きなさい。【1つ10点・20点】
（　　　　）
（　　　　）

(4) かずおは どこに すんで いるのですか。【10点】
（　　　　）

なぜ こんな ところへ やって きたのだろうと 思いました。
「かずおさんですよね。」
カンガルーが もう 一回 たずねました。
「あっ、はい。ぼくです。」
かずおは あわてて 答えました。
「ああ、よかった。やっと 見つかった。」
こんどは ポケットから ハンカチを 出して あせを ふきながら、カンガルーは うれしそうに 言いました。
「じつは わたし、どうぶつの 国の 王さまから、白い 馬を さがして くるように 言いつけられたのです。南町に すむ かずおさんは、ゆう気の ある 人だと うわさに 聞いたので、ぜひ 手つだって もらおうと、はるばる ここまで 来ました。」
カンガルーは かずおの 手を ぐいっと 引っぱって 言いました。
「手つだって くれますね。」

(5) かずおは カンガルーを 見て、どんな ことを 思いましたか。【10点】

(6) カンガルーが 言った ことばの 中で、ほっと した 気もちが よく あらわれて いる ものを 一つ 書き出しなさい。【10点】

(7) カンガルーは だれに 何を 言いつけられたのですか。【1つ10点・20点】

① だれに……

② 何を……

(8) カンガルーは なぜ かずおを たずねて きたのですか。【10点】

リビューテスト 6

時間 10分

得点 /100

1 つぎの 文しょうを 読んで、後の もんだいに 答えなさい。

今日は 学校で 朝れいが ありました。朝の 体そうが すむと、みんなで 草むしりを する ことに なりました。ぼくの クラスは、花だんの まわりの 草むしりです。ぼくと 竹本くんは、㋐おもしろくないなあ と 言いながら、いやいや むしって いました。でも、草が なくなるたびに 花だんが きれいに なって いくのを 見て いると、だんだん ㋑うれしくなって きました。そして、竹本くんと きょうそうするように、たくさんの 草を むしりました。

(1) ぼくは、いつ どこで 何を しましたか。【15点】

① いつ……（　　）

② どこで…（　　）

③ 何を……（　　）

(2) ――線㋐と 言ったのは、だれですか。【5点】

（　　）

(3) ――線㋐で、何が「おもしろくない」のですか。【5点】

（　　）

(4) ――線㋑で、なぜ「うれしく」なったのですか。【10点】

（　　）

(5) ぼくが した じゅんに 番ごうを つけなさい。【15点】

（　）いやいや 草むしりを した。

（　）朝の 体そうを した。

（　）竹本くんと きょうそうした。

2 つぎの 文しょうを 読んで、後の もんだいに 答えなさい。

一頭の 白い 馬が、森の 入り口で 休んで いるのが 見えました。

カンガルーは あわてて ポケットから しゃしんを とり出すと、㋐見くらべました。

「㋑まちがい ありません。どちらも 耳の ところに 金色の 星の しるしが ついて います。かずおさん、王さまが さがして いるのは あの 馬ですよ。」

「よしっ。それなら つかまえよう。」

かずおは、カンガルーと 手を つないで、森の 近くまで 歩いて いきました。白い 馬は、かずおたちが 近づいて くるのも 知らないで、おいしそうに 草を 食べて います。

(1) 白い 馬は どこに いますか。【10点】

(　　　　)

(2) ――線㋐で、しゃしんと 何を 見くらべたのですか。【10点】

(　　　　)

(3) ――線㋑で、何に まちがいないのですか。【10点】

(　　　　)

(4) それは 何で 分かりましたか。【10点】

(　　　　)

(5) カンガルーの ことばを 聞くと、かずおは どうしましたか。【10点】

(　　　　)

19 大切な ところを 読みとる (1)

長い文章から情景や状況を読みとり、だれがどのような行動をとったか、だれが何を伝えているか、またどれがどんなことについて観察しているかを正しく答えられる力を養う。

標準レベル

時間	10分
得点	/100

つぎの 文しょうを 読んで、後の もんだいに 答えなさい。

「きょうは よい お天気ね。㋐みんなでおべんとうを もって、ハイキングに 行きましょう。」

と お母さんが 言いました。

四月の あたたかい ㋐日曜日の
ことです。

「　★　」

と お父さんも 言いました。

わたしと 弟は とび上がって
よろこびました。

「ばんざい。」

「それじゃあ、おにぎりを ㋑作りましょう。」

(1) ㋐～㋓の 読み方を 書きなさい。【1つ5点・20点】

㋐（　　　）　㋑（　　　）

㋒（　　　）　㋓（　　　）

(2) いつの 話ですか。【10点】

（　　　　　　）

(3) ～～線㋐は だれの ことですか。【10点】

（　　　　　　）

(4) ★に 入る ことばを えらんで ○を つけなさい。【10点】

（　）それは いやだよ。

（　）それは いいね。

（　）それは だめだよ。

と 言って、お母さんが ㋒台どころへ 行きました。わたしも お手つだいを しようと 後ろに ついて いきました。

ほかほかに たいた ごはんを 水で ぬらして、りょう手で ぎゅっぎゅっと にぎります。

弟は テーブルの はしで、おいしそうな おにぎりが できるのを じっと 見て いました。

ぜんぶ でき上がると、大きな バスケットに おにぎりを ㋓入れました。ほかに おせんべいや りんご、お茶の 入った 水とうも つめこみました。

「おーい、できたかい。」

と お父さんが ようすを 見に 台どころへ やって きました。

㋑「はい、できましたよ。」

お母さんが、バスケットを お父さんに わたしながら 言いました。

(5) お母さんは なぜ 台どころへ 行ったのですか。【10点】

(6) わたしは なぜ 後ろに ついて 行ったのですか。【10点】

(7) その 間 弟は どうして いましたか。【10点】

(8) 線㋑で、何が できたのですか。【10点】

(9) バスケットの 中に つめこんだ ものを ぜんぶ 書きなさい。【10点】

ハイレベル

時間 15分

得点 /100

■ つぎの 手紙を 読んで、後の もんだいに 答えなさい。

ゆういちくん、お元気ですか。
きみが たいいんしてから 三日後に、ぼくも たいいんする ことが できました。もう 右足の ほねも ぴったり くっついたみたいです。つえを ついて、学校へも 行って います。きみの ほうは どうですか。ぼくと はんたいの 左足、もう じょうぶに なりましたか。
同じ 日に 入いんしたのに、ゆういちくんのほうが 先に たいいんしたので、
「のぶちゃんの 足、がんこだね。」
と お母さんに わらわれて しまいました。
三日間、となりの ベッドに きみが いな

(1) この 手紙は だれから だれに 書いた ものですか。【1つ5点・10点】

（　　　　）から

（　　　　）に 書いた。

(2) この 手紙を 書いた 人と もらった 人には、どんな つながりが ありますか。○を つけなさい。【10点】

（　）きょうだい

（　）同じ 学校の 友だち

（　）ちがう 町に すんで いる 友だち

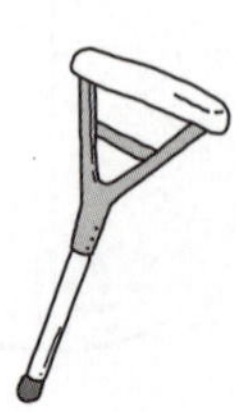

(3) この 手紙を 書いた 人は、どこを けがして 入いんしたのですか。【10点】

（　　　　）

(4) どちらが 先に たいいんしましたか。名前を 書きなさい。【10点】

（　　　　）

くて、とても たいくつでした。ぼくも 早く
歩けるように なりたいと 思って いました。
　けんこうって 本当に 大切なんだなあと
思います。もう ぜったい 入いんなんか し
たくないです。ゆういちくんも たぶん ぼく
と ㋐同じ ことを 考えて いると 思います。
　こんどは 元気な 顔で きみに 会いたい
です。㋑やくそくどおり、春休
みに なったら、きみの す
んで いる 町へ 行きます。
いっしょに キャッチボール
を して あそびましょう。
手紙も 書いて くださいね。
　それでは さようなら。

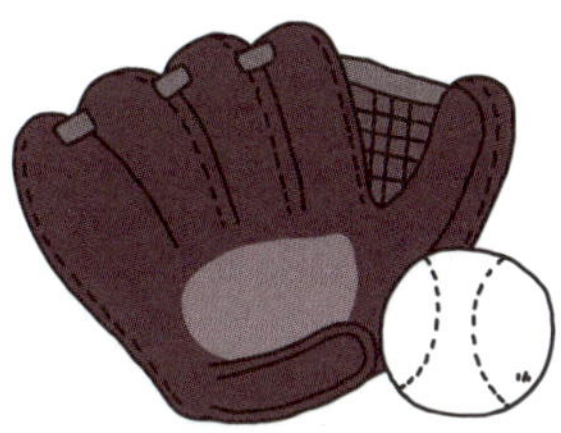

　二月三日
東山のぶお
竹田ゆういちくんへ

(5) お母さんに わらわれたのは だれですか。【10点】

（　　　）

(6) なぜ わらわれたのですか。【10点】

（　　　）

(7) ――線㋐で、「同じ ことを 考えて いる」と ありますが、それは どんな ことですか。【20点】

（　　　）

(8) ――線㋑で、二人は、いつ、どんな やくそくを したと 思いますか。【1つ10点・20点】

① いつ（　　　）

② どんな（　　　）

最高レベル

時間 20分

得点 /100

つぎの 文しょうを 読んで、後の もんだいに 答えなさい。

火曜日の 朝、長山くんが 子ねこを かばんの 中に 入れて、教室に やって きました。「お寺の そばで ひろったんだ。」と とくいそうに 言いました。みんなは、長山くんの つくえの まわりに あつまって きました。

子ねこは ぜんたいに 白くて、ところどころに 黒い もようが ついて いました。まるで 小さな 牛のようです。どんぐりみたいな 丸い 目を して いました。

㋐「しっぽが 少し まがって いるね。」かずえさんが 子ねこの 頭を なでながら 言いました。

(1) いつ だれが 何を どこへ もって きた 話ですか。【1つ5点・20点】

いつ……（　　）

だれが……（　　）

何を……（　　）

どこへ……（　　）

(2) 子ねこは どこで ひろったのですか。【10点】

（　　）

(3) クラスの みんなは、なぜ 長山くんの つくえの まわりに あつまって きたのですか。【10点】

（　　）

(4) 子ねこは どんな どうぶつのようだと 書いて ありますか。【10点】

（　　）

「本当だ、いたくないのかなあ。」

わたしたちは　心ぱいそうに　子ねこを　のぞきこみました。よく　見ると　しっぽは　まん中で　少し　よこに　まがって　います。

「だいじょうぶだよ。」

長山くんは　かずえさんから　子ねこを　うけとると、だいじそうに　かかえました。のどの下を　なでると、子ねこは　気もちよさそうに　ゴロゴロと　のどを　鳴らしました。そして、目を　糸のように　細く　しました。

　そのとき、チャイムが　鳴りました。長山くんは　先生に　見つからないように、子ねこを　かばんの　中に　しまいました。ニャオーンと　さみしそうな　鳴き声が　教室中に　ひびきました。

(5) それは　なぜですか。【10点】

（　　　　　）

(6) ——線㋐と　言ったのは　だれですか。【10点】

（　　　　　）

(7) □に　入る　ことばを　㋐～㋓の　中から　えらんで　記ごうで　書きなさい。【1つ10点・20点】

① □　みたいな　丸い　目

② 目を　□　のように　細く　した。

㋐ 紙　㋑ 糸　㋒ しっぽ　㋓ どんぐり

(8) 長山くんは　なぜ　子ねこを　かばんの　中に　しまったのですか。【10点】

（　　　　　）

20 大切な ところを 読みとる (2)

長い文章を順序正しく読みすすめながら、どこで何が行われたか、だれが何を説明しているかを答えられる力をつける。また長い物語文については、登場人物の行動や心の動きまでを正確に読みとれる力を養う。

標準レベル

時間 10分

得点 /100

つぎの 文しょうを 読んで、後の もんだいに 答えなさい。

お父さんと 二人で ざりがにつりに 行く ことに なりました。場しょは 学校の うらに ある 池です。自てん車に えさと、バケツと、つりざおに する ぼうを つんで 出ぱつしました。

お父さんは ポケットの 中に、たこ糸と くぎを 二本 もって いました。「くぎなんか どうするの。」と、ぼくが たずねると、たこ糸の 先に つけて、おもりに するんだと 教えて くれました。えさは にぼしです。

「本当は とり肉の かわや、生の 魚の ほうが よく つれるんだけどね。」

お父さんは なんでも 知って います。子どもの ころに、よく ざりがにつりを したからだ そうです。

つりざおを 池に むけて さし出すと、おもりの ついた 糸が ゆっくり 水の 中へ しずんで いきました。しばらく すると、糸が 引っぱられるような かんじが したので、「お父さん。」と よびました。つりざおを 引き上げると、大きな ざりがにが ぶらさがって いました。

「やった、つれたよ。」

ざりがには 太くて 大きな はさみを もって います。おなかに ついて いる 足も 少ないので、

「これは　おすの　ざりがにだね。」
と　お父さんが　言いました。そして、上の　ほうから　そっと　つかんで、
バケツの　中に　入れて　くれました。

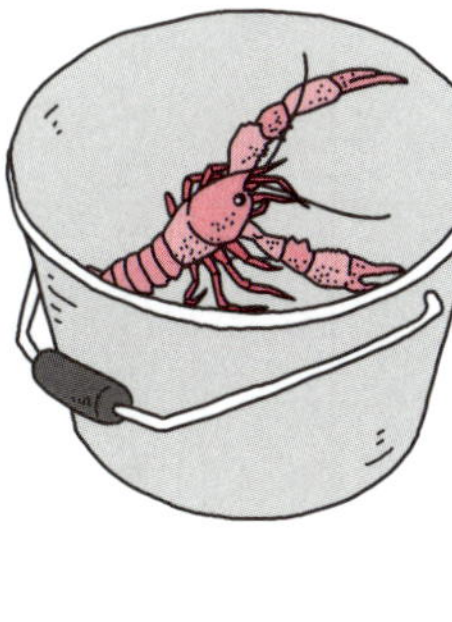

（1）だれと　どこで　何を　した　ときの　話ですか。【1つ5点・15点】

①だれと…（　　）
②どこで…（　　）
③何を……（　　）

（2）もって　いった　ものを、自てん車に　つんだ　ものと、お父さんの　ポケットに　入れた　ものとに　分けて　書きなさい。【1つ10点・20点】

①自てん車に　つんだ　もの
（　　）
②お父さんの　ポケットに　入れた　もの
（　　）

（3）つぎの　ものには、何を　つかいましたか。【1つ10点・20点】

えさ→（　　）
おもり→（　　）

（4）お父さんは　なぜ　なんでも　知って　いるのですか。【15点】

（　　）

（5）――線で、なぜ「お父さん。」と　よんだのですか。よい　ほうに　○を　つけなさい。【15点】

（　）つれたと　思ったから。
（　）なかなか　つれないから。

（6）つり上げた　ざりがには　なぜ　おすだと　分かったのですか。【15点】

（　　）

ハイレベル

時間 15分

得点 /100

つぎの 文しょうを 読んで、後の もんだいに 答えなさい。

こん虫の 中で、なかまと いっしょに 生活する ものには みつばちが います。たった 一ぴきの 女王ばち、数百ぴきの おすばち、そして、四万から 七万びきもの はたらきばちが それぞれの しごとを しながら、いっしょに 生活して いるのです。

中でも はたらきばちは 生まれてからの 日にちで、その しごとが かわります。生まれて すぐには、まず すの そうじを します。三日ほど たつと、よう虫に えさを あたえはじめます。一週間か 十日ほど たつと、こんどは 女王ばちの せわを します。二週間と 少し たつと、すを 大きく したり、こわれた ところを 直したり します。三週間ほどで すの 入り口へ 行き 見はり番を して、それから やっと 外へ 出て、花ふんや みつを あつめる しごとを するのです。

女王ばちは 五月から 六月に かけて たくさんの たまごを うみます。（ア）その数は 一年に 二十万こぐらいと いわれて います。女王ばちの しごとは たまごを うみつづける ことだけです。はたらきばちに 食べものを 食べさせて もらいながら、一生 くらします。その かわり、すの 中に 新しい 女王ばちが 生まれると、前から いた 女王ばちは 出て いかなければ なりません。（イ）その とき、はたらきばちも 半分くらい いっしょに 出て いきます。そして、新しく すを 作り いっしょに 生活を します。

（1）みつばちは　どんな　こん虫ですか。【10点】

（　　　　　　　　）

（2）みつばちの　しゅるいを　三つ　書きなさい。また、それぞれの　数も　書きなさい。【1つ10点・30点】

	①	②	③
しゅるい			
数			

（3）はたらきばちの　しごとは　何によって　かわりますか。【8点】

（　　　　　　　　）

（4）はたらきばちが　しごとを　する　じゅんに　番ごうを　つけなさい。【1つ4点・24点】

（　）よう虫に　えさを　あたえる。

（　）すを　大きくしたり、こわれた　ところを　直したり　する。

（　）外へ　出て、花ふんや　みつを　あつめる。

（　）女王ばちの　せわを　する。

（　）すの　入り口へ　行き、見はり番を　する。

（　）すの　そうじを　する。

（5）女王ばちの　しごとは　何ですか。【8点】

（　　　　　　　　）

（6）——線㋐に、「その　数」と　ありますが、それは　何の　数ですか。【10点】

（　　　　　　　　）

（7）——線㋑に、「その　とき」と　ありますが、それは　どんな　ときですか。【10点】

（　　　　　　　　）

最高レベル

時間 20分

得点 /100

つぎの 文しょうを 読んで、後の もんだいに 答えなさい。

まさゆきくんの 家で、クリスマス会を することに なりました。
ぼくは、お母さんが 作って くれた ケーキを もって 行きました。まさゆきくんの お母さんが、
「ひろしくん、（ ㋐ ）。」
と 言って うけとって くれました。
まさゆきくんの 家には、ほかに たかしくん、あきおくん、ゆき子さん、みよ子さんが きていました。みんな 同じ 二組の 友だちです。
テーブルの 上に いっぱい ならんだ ごちそうを 食べながら、みんなで なぞなぞや

(1) どこで 何を する ことに なりましたか。【1つ5点・10点】

① どこで…（　　）

② 何を……（　　）

(2) まさゆきくんの お母さんは、何を うけとって くれたのですか。【10点】

（　　）

(3) （㋐）と（㋑）に 入る ことばを それぞれ 自分で 考えて 書きなさい。【1つ10点・20点】

（㋐）………→（　　）

（㋑）………→（　　）

(4) ゆき子さんは なぜ ケーキを 食べなかったのですか。【10点】

（　　）

ゲームを　して　あそびました。
なぞなぞは　あきおくんが　いちばん　たくさん　知って　いました。おばあちゃんに　なぞなぞの　もんだいを　よく　教えて　もらうそうです。
ゆき子さんは、
「あきおくんが　出すのは　むずかしいわ。」
と　言って、ケーキも　食べずに　いっしょうけんめい　考えて　いました。
へやの　中には　オルガンが　あったので、みよ子さんが　「きよしこの夜」を　ひきました。
オルガンの（㋑）に　合わせて、みんなで　いろいろな　クリスマスの　歌を　歌いました。

(5) まさゆきくんの　家に　あつまった　人の　名前を　書きなさい。【1つ2点・10点】

（　　）（　　）
（　　）（　　）

(6) みんなは　どんな　知り合いですか。【10点】

（　　）

(7) どんな　ことを　して　あそびましたか。【10点】

（　　）

(8) あきおくんは　なぜ　いちばん　たくさん　なぞなぞを　知って　いたのですか。【10点】

（　　）

(9) ゆき子さんは　何が　「むずかしいわ。」と　言ったのですか。【10点】

（　　）

リビューテスト 7

時間	10分
得点	/100

■ つぎの 文しょうを 読んで、後の もんだいに 答えなさい。

㋐妹の ㋑通って いる ようちえんでは 年に二㋒回、はっぴょう会の 日が あります。この前の 日曜日は その 日だったので、お母さんや お父さんと いっしょに 見に いきました。

妹の ㋓組は、白雪ひめの げきを する ことに なって います。

「さくら組の げきは まだなのかな。」

と、お父さんが カメラを もったまま お母さんに たずねました。

「たぶん、ゆり組の つぎでしょう。」

お母さんは おちついて 答えました。

わたしは むねが どきどきして きました。

妹が きちんと げきを する ことが できる

(1) ㋐〜㋗の 読み方を 書きなさい。【1つ4点・32点】

㋐（　　） ㋑（　　）

㋒（　　） ㋓（　　）

㋔（　　） ㋕（　　）

㋖（　　） ㋗（　　）

(2) いつ、何が ありましたか。【1つ5点・10点】

① いつ……（　　）

② 何が……（　　）

(3) 〰線の 「その 日」とは、何の 日ですか。【8点】

（　　）で

（　　）が

ある 日。

かどうか㋔心ぱいだったからです。それに、妹が 何の やくで 出て くるのかも、まだ㋕知りませんでした。

やがて、さくら組の げきが はじまりました。白雪ひめの 女の子が なき出しそうな ㋖顔で 出て きました。いじわるな おきさきさまの 女の子は、ゆっくりと 大きな ㋗声で、せりふを 言いました。妹は まだ 出てきません。

「なお子は まだか。」

お父さんが 心ぱいそうに 言いました。

しばらくすると、ぶたいの 上に 七人の 小人が 出てきました。妹は、「ハイホー、ハイホー」と 歌いながら 小人の ダンスを おどりました。いちばん 小さい せいか、七番目の 小人の やくでした。

ダンスが とても かわいかったので、見て いる 人たちが はく手を しました。

---

(4) 妹の 組の 名前を 書きなさい。【10点】

(　　　　)

(5) 妹の 名前を 書きなさい。【10点】

(　　　　)

(6) 妹は 何の げきに、どんな やくで 出て きましたか。【1つ5点・10点】

① げき……(　　　　)

② やく……(　　　　)

(7) お父さんの 心ぱいそうな 気もちが いちばん よく あらわれて いる ことばを 書き出しなさい。【10点】

(　　　　)

(8) ═線で、見て いる 人たちは なぜ はく手を したのですか。【10点】

(　　　　)

21 長文読解（1）

長い文章から何を説明しているのかを読みとったり、文中の「こそあどことば」が何を指しているのかを正確に答えられたりする力を身につける。また長い記録文を順序良く読みながら、作者の行動が追えるようにする。

最高レベル

時間 40分

得点 /100

1 つぎの 文しょうを 読んで、後の もんだいに 答えなさい。

ねこが 人間に かわれるように なったのは、今から およそ 四千年いじょうも 前だと いわれて います。日本で ペットと して かわれるように なったのは 千年ほど 前からのようです。

ねこには たくさんの しゅるいが ありますが、日本で よく 見られるのは、小さくて 毛の みじかい にほんねこか、毛の 長い ペルシャねこです。ペルシャねこは アンゴラねこ とも よばれ、毛の 色が 黒い ものも いますが、だいたい 白が 多いようです。また、家の 中で かわれて いる ねこは 家ねこ とも よばれて います。

ねこも、小さい うちから かう 場合は、犬と 同じように 首わを つけて かう ことが できます。一日に 一回 さんぽに つれていけば、じゅうぶん うんどうを させて やることも できますし、ひろい食いや、交通じこも ふせげます。

手入れと しては、毎日 かならず ブラシを かけて やりましょう。★ 春と 秋の 毛の ぬけかわる きせつには ていねいに かけましょう。㋐そう する ことに よって、のみが つくのを ふせぎます。体が ひどく よごれて いる ときには、おゆや 水を つかって あらって やります。あらったあとは、かわいた　タオルで　よく　ふき、ドライヤーなどで　かわかします。
えさを　あたえる　ときには　えいようが　かたよらない　ことや　くさりにくい　えさを　えらぶ　こと、それから、水気の　多い　えさよりも、かわいた　えさを　このんで　食べるので、それらの　ことを　考えて　㋑あたえる　ことが　大切です。
ねこを　かって　いて、いちばん　なやまされるのは、家の　中の　たんすや　はしらで　つめとぎを　される　ことでしょう。しかし、つめを　とぐという　ことは　ねこに　とっては　とても　大切なので、㋒これを　ふせぐためには　つめとぎ用の　いたを　買って　あたえるしか　ありません。

(1) ねこが　人間に　かわれるように　なったのは　今から　どれぐらい　前ですか。【4点】

(2) 日本で　ペットとして　かわれるように　なったのは、今から　どれぐらい　前ですか。【4点】

(3) 日本で　よく　見られる　ねこの　しゅるいを　二つ　書きなさい。【1つ3点・6点】

①

②

(4) 家ねこは、どんな ねこですか。【4点】

(5) 首わを つけて かう ことが できるのは、どんな 場合ですか。【4点】

(6) ★に 入る ことばを、つぎの 中から 一つ えらんで、○を つけなさい。【4点】

（　）あまり

（　）まるで

（　）とくに

(7) ——線㋐の、「そう する ことに よって」とは、どう する ことですか。【4点】

(8) 家ねこに えさを あたえる ときには、どんな ことを 考える ことが 大切ですか。三つ 書きなさい。【1つ4点・12点】

①

②

③

(9) ——線㋑は、何を 「あたえる」のですか。【4点】

(10) ——線㋒の 「これ」とは、何ですか。【4点】

2 つぎの 文しょうを 読んで、後の もんだいに 答えなさい。

十月十日、ひろ子ちゃんが 入って いる 合しょうだんの はっぴょう会が、中学校の 体いくかんで ありました。二しゅう間くらい 前から、

「ぜったい ㋐来てね。」

と さそわれて いたので、妹を つれて いく ことに しました。

二時に つくと、体いくかんの 前には 人が たくさん あつまって いました。

㋑「ここで スリッパに はきかえて ください。」

と いう 声が 聞こえたので、入り口の ところで じゅん番に ならんで くつを ぬぎました。くつは ビニールの ふくろに 入れて、手に もたなければ なりません。㋒妹の 分も いっしょに もって あげました。

中に 入ると、体いくかん いっぱいに、いすが ならんで いました。なるべく ぶたいの 近くへ 行こうと、妹の 手を 引きました。その ほうが ひろ子ちゃんの 顔を よく 見る ことが できると 思ったからです。ちょうど 前から 三番目に いすが 二つ 空いて いたので、そこに すわる ことに しました。

それから 十分くらい して、ぶたいの まくが あきました。青い ワンピースと 白い ぼうしの せいふくを きた 人たちが ★ と ならんで います。青い ズボンを はいた 男の子も 何人か いま

した。ひろ子ちゃんは、ひくい 声で 歌うので、いちばん 左はしの ところに 立って います。いつもは ☆ して いる ひろ子ちゃんが 少し こわい 顔を して いたので、きんちょうして いるのかなあと 思いました。

はじめの 歌は「もみじ」でした。わたしの すきな 歌なので、うれしく なりました。まわりの 人に 聞こえないように、わたしも 小さな 声で いっしょに 歌いました。

つぎに、学校で ならった ことの ある 歌が、二つ つづきました。でも、高い 声と ひくい 声が 合わさって、とても きれいに 聞こえました。ひろ子ちゃんも 口を 大きく あけて、しんけんな 顔で 歌って います。

さい後の 歌が おわると、体いくかんに いた 人たちは みんな 手を たたきました。わたしも 力いっぱい ㋓たたきました。妹は、おじぎを して いる ひろ子ちゃんたちを 見て、

「わたしも 合しょうだんに 入りたいな。」

と 言いました。

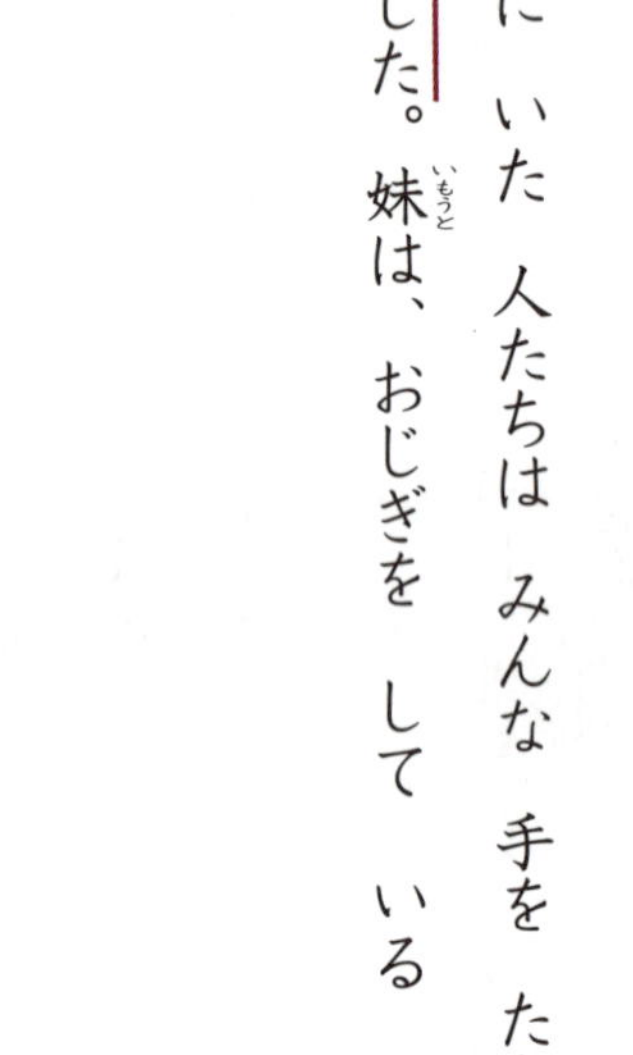

(1) ——線㋐で、何に「来てね。」と さそわれて いたのですか。【5点】

（　　　　　）

(2) 体いくかんの 中は どんな ようすでしたか。どちらかに ○を つけなさい。【5点】

（　）あまり 人が いない。

（　）たくさんの 人が いる。

(3) だれに　さそわれたのですか。【5点】

（　　　　）

(4) だれと　行きましたか。【5点】

（　　　　）

(5) ——線㋑の「ここ」とは　どこの　ことですか。【5点】

（　　　　）

(6) ——線㋒で、「妹の　分」の　何を　もって　あげたのですか。【5点】

（　　　　）

(7) ★に　入る　ことばを　つぎの　中から　一つ　えらび　○を　つけなさい。【5点】

（　）ころり　（　）そろり　（　）ずらり

(8) ☆に　入る　ことばを　つぎの　中から　一つ　えらび　○を　つけなさい。【5点】

（　）がさがさ

（　）にこにこ

（　）ふらふら

(9) ——線㋓で、「たたきました」と　ありますが、何を　たたいたのですか。また、なぜ　たたいたのですか。【1つ5点・10点】

① 何を……（　　　　）

② なぜ……（　　　　）

22 長文読解（2）

物語の情景や、その物語の持つ不思議なイメージを読みとり、正しく理解できる力を養う。また登場人物の心の揺れ動きなどを深いところまで読みとり、設問に正確に答えられる力を身につける。

最高レベル

時間 40分

得点 /100

1 つぎの 文しょうを 読んで、後の もんだいに 答えなさい。

雨は なかなか やみそうに ありません。それどころか、だんだん ひどく なってきて いるようです。かたい 地めんに はねかえって、くつの 先から ひざこぞうまで しめらせます。

「さっきまでは あんなに いい お天気だったのに。」←あ

パンやの 前で 雨やどりを しながら、みゆきは ㋐空を にらみました。そして、もって いた 紙の ふくろを しっかりと かかえなおしました。この 中には、りかちゃんの 家で かりてきたばかりの 本が 二さつ 入って いるのです。㋑ここから みゆきの 家までは 走っても 十分くらい かかります。かけっこは とくいな みゆきですが、この 雨の 中では だいじな 本を ぬらして しまいます。

「こまったなあ。」

と、みゆきは 大きな ためいきを つきました。

そこへ 赤い かさを さした 女の子が 通りかかりました。女の子は こまった 顔で 雨やどりを して いる みゆきの そばまで 来ると、にっこり わらいました。

女の子は、みゆきよりも 一つか 二つ 年下に 見えました。長い かみの 毛を まん中で 分けて

21 長文読解（2）

二つに むすんで います。 みゆきが 何か 話しかけようと すると、女の子は 左手に もって いた 青い かさを さし出しました。

「どうぞ。」←(い)

雨つぶが かさに 当たって たいこのような 音を たてました。

(ウ)「どうぞ、つかって ください。」

と、みゆきよりも 小さな 女の子は 言いました。みゆきは、さし出された 青い かさと 女の子を じゅん番に 見ながら、たずねました。

「でも、だれかを むかえに 行く ところだったんじゃないの。」

「いいえ。」←(う)

女の子は くびを ふりました。

「□ かさは 今日だけ みゆきさんの ものです。明日に なったら、また どこかで 雨やどりを して いる 人に、この かさを わたして ください。」

女の子は それだけ 言うと、みゆきに 青い かさを わたして、どこかへ 行って しまいました。

(1) 雨は どれぐらい 強く ふって いますか。どちらかに ○を つけなさい。【5点】

（　）パラパラと 少し

（　）ザーザーと たくさん

(2) みゆきは どこへ 行く ところだったのですか。どちらかに ○を つけなさい。【4点】

（　）みゆきの 家

（　）りかちゃんの 家

(3) みゆきは　何を　もって　いますか。【5点】

（　　　　）

(4) (3)の　答えの　中には、何が　入って　いますか。【5点】

（　　　　）

(5) ——線㋐の　「空を　にらみました」から、どんな　気もちで　いる　ことが　わかりますか。いちばん　近い　ものに　○を　つけなさい。【4点】

（　）よろこんで　いる。
（　）たのしんで　いる。
（　）かなしんで　いる。
（　）うらんで　いる。

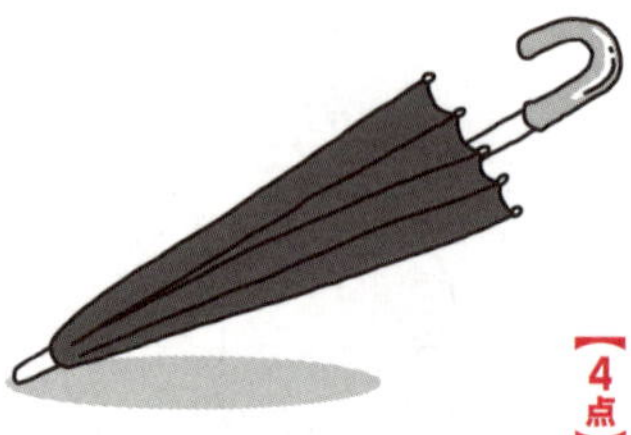

(6) ——線㋑の　「ここ」とは、どこですか。【5点】

（　　　　）

(7) みゆきは　なぜ　走って　帰らなかったのですか。【5点】

（　　　　）

(8) ㋐～㋒は　それぞれ　だれが　言った　ことばですか。【1つ3点・9点】

㋐（　　　　）
㋑（　　　　）
㋒（　　　　）

(9) ——線㋒は　何を　「つかって　ください」と　言ったのですか。【4点】

（　　　　）

(10) □に　入る　ことばを　一つ　えらび、○で　かこみなさい。【4点】

あの　その　この　どの

2 つぎの 文しょうを 読んで、後の もんだいに 答えなさい。

さとしの 家では、ゴンベと いう 名前の 犬を かって います。ゴンベは、毎朝 五時ごろに なると、大声で ワンワン ほえて、さん歩を さいそくします。さとしも、さとしの お姉さんも、ゴンベの ことは 大すきなのですが、早朝の さん歩を 毎日 つづけるのは やはり たいへんです。そこで ㋐二人は そうだんを して、一日ずつ 交たいで、ゴンベを さん歩に つれていく ことに きめました。

㋑その 日は、さとしが ㋒当番でした。

「せっかくの 日曜日なのに めんどうだなあ。」

さとしは ぶつぶつと もんくを 言って、大きな あくびを しました。ゴンベは ㋓さとしの 気もちも 知らないで うれしそうに しっぽを ふりながら 歩いて います。草花の においが すきなのか、ときどき 立ち止まっては、道の よこに さいて いる たんぽぽや れんげなどに ㋔はなの 頭を くっつけて います。

「こら、早く 歩いて くれよ。」

㋕ゆうべ おそくまで テレビを 見て いた せいか、さとしは ねむくて たまりませんでした。そこで、もう 一ど 大きな あくびを しました。

町はずれの 公園まで 来ると、ゴンベは くさりを 引っぱるようにして、さとしを 中へ あん内 しました。

「公園で　あそぶ　つもりかい。」

さとしが　くさりを　はずして　やると、ゴンベは　しっぽを　大きく　ふりながら、すべり台の　ほうへかけて　行きました。さとしは　三つ目の　あくびを　すると、すべり台の　よこに　ある　ベンチに　こしを　おろしました。そして、ぼんやりと　した　目で、ゴンベを　見ました。

すべり台の　上に　かけ上がった　ゴンベは、さとしが　㋖こちらを　見て　いるのに　気づくと、とつぜん　サーカスの　くまのように　さか立ちを　はじめました。さとしは　びっくりして　ベンチから　立ち上がりました。

「ゴンベ、すごいぞ。」

ゴンベは　とくいそうに　ワンと　ほえて、さか立ちを　したまま、すべり台の　かいだんを　おりました。そして、つぎに　てつぼうの　ところへ　行くと、とび上がって、ぼうに　ぶらさがりました。さとしが　㋗口をあけたまま、見て　いると、すごい　早さで　前回りを　はじめました。

「すごいぞ、すごいぞ。」

手を　たたこうと　すると、手のひらが、とつぜん　くすぐったくなりました　目を　さますと、ゴンベが　さとしの　手の　ひらをなめて　いました。どうやら　ベンチの　上で　いねむりを　してしまったようです。

（1）――線㋐の「二人」とは、だれと　だれの　ことですか。【1つ5点・10点】

（　　）と（　　）

（2）――線㋑の「その日」とは、いつの　ことですか。【5点】

（　　）

（3）――線㋒の「当番」は　何の「当番」ですか。【5点】

（　　）

（4）――線㋓の「さとしの　気もち」とは　どんな「気もち」ですか。【5点】

（　　）

（5）――線㋔で「はなの　頭を　くっつけて」何を　して　いるのですか。【5点】

（　　）

（6）――線㋕の「ゆうべ」と　同じ　いみの　ことばを　つぎの　中から　一つ　えらんで、○を　つけなさい。【5点】

（　）きのうの　夜
（　）今日の　朝
（　）今日の　夜

（7）ゆめの　中の　ことが　書かれて　いるのは　どこからですか。はじめの　五文字を　書きなさい。【5点】

□□□□□

（8）――線㋖の「こちら」とは　どちらですか。【5点】

（　　）

（9）――線㋗の「口を　あけたまま」と　いう　ことばから　どんな　ことが　わかりますか。【5点】

（　　）

リビューテスト 8

時間 10分
得点 /100

■ つぎの 文しょうを 読んで、後の もんだいに 答えなさい。

「ぽんすけ、体に 気を つけるんですよ。」

お母さんは、ぽんすけの せなかに おべんとうの 入った ふくろを くくりつけて やりながら 言いました。

「人間の すんで いる ところには 近づくんじゃないぞ。てっぽうで うたれて しまうからな。」

と お父さんも ぽんすけに 言いました。妹のぽん子は、ぽんすけの 手を つかんで、

「お兄ちゃん、きっと 帰って きてね。かわいい およめさんを 見つけて、早く いっしょに 帰ってきてね。」

と 言いました。


り出しました。㋑その とき、木の 間から 年をとった きつねが ひょっこり 顔を 出しました。

「たぬきくん ㋒おいしそうな ものを もって いるね。」←い

(1) ぽんすけは 何の 名前ですか。【8点】

（　　　　　　）

(2) ぽんすけの 家ぞくを 書きなさい。【1つ4点・12点】

（　　　　）（　　　　）（　　　　）

(3) ぽんすけは せなかに 何を くくりつけて いますか。【10点】

（　　　　　　）

(4) ぽんすけは なぜ たびに 出たのですか。【10点】

（　　　　　　）を

（　　　　　　）ため。

「だいじょうぶだよ。」

と、ぽんすけは　おなかを　ポコンと　たたいて　言いました。

「きっと　かわいい　およめさんを　つれて　帰ってくるよ。」←あ

ぽんすけは、家ぞくに　元気よく　手を　ふって、ゆっくりと　山を　おりて　いきました。

ぽんすけの　生まれた　たぬき村が　だんだん　遠く　なって　いきます。さあ、これから　たびが　はじまるのです。道ばたに　さいて　いる　たんぽぽも　風に　ゆれながら、がんばれと　ア はげまして　くれました。

一つ目の　山を　こえました。およめさんを　見つけるには、あと　五つの　山を　こえなければ　なりません。ぽんすけは　ひと休みする　ことに　しました。せなかの　ふくろを　おろすと、お母さんが　つくって　くれた　おべんとうを　と

(5) 家ぞくは　どんな　気もちで　見おくりましたか。いちばん　よい　ものに　○を　つけなさい。【10点】

（　）うれしい

（　）さびしい

（　）心ぱい

(6) あと　いは、それぞれ　だれが　言った　ことばですか。【1つ10点・20点】

あ（　　　）　い（　　　）

(7) ——線アで、「はげまして」と　ありますが、だれを　はげましたのですか。【10点】

（　　　）

(8) ——線イの　「その　とき」とは　どんな　ときですか。【10点】

（　　　）

(9) ——線ウの　「おいしそうな　もの」とは　何ですか。【10点】

（　　　）

総合実力テスト 1

時間 20分

得点 /100

漢字やかたかなの正しい書き方、句読点などの正しい用い方の復習を兼ねながら、総合的に力だめしする。また長い物語文の読解力を確認し、さらに大きな自信をつける。

1 つぎの じゅく語(ご)の 読(よ)み方(かた)を 書(か)きなさい。【1つ1点・10点】

① 会場（　　）
② 船長（　　）
③ 書道（　　）
④ 半分（　　）
⑤ 父母（　　）
⑥ 通行（　　）
⑦ 東西（　　）
⑧ 草原（　　）
⑨ 外来（　　）
⑩ 木工（　　）

2 つぎの かたかなを ひらがなで、ひらがなを かたかなで 書(か)きなさい。【1つ2点・8点】

① ゾーキン（　　）
② ヨーチエン（　　）
③ しょっぴんぐせんたあ（　　）
④ ばすけっとぼうる（　　）

3 かなづかいに 気を つけて、つぎの ことばを 二つに 分(わ)けなさい。【1つ4点・12点】

① あまがさ（　　）＋（　　）
② ながばなし（　　）＋（　　）
③ あるきつづける（　　）＋（　　）

4 つぎの 文を 正しい かなづかいで 書き直しなさい。【1つ4点・12点】

① ぼくわ ていねいに おれえを 言いました。

（　　　　　　　　）

② おうぜいの 人たちが おうどうりに いた。

（　　　　　　　　）

③ 少しづつ はなじが 止まってきた。

（　　　　　　　　）

5 つぎの 文に［。二つ・、一つ・「」一組］の ふごうを つけて 書き直しなさい。【10点】

にわで あそんで いたら こんにちは と、
おばさんが 顔を 出しました

（　　　　　　　　）

6 （　）の 中に 入る ことばを □から えらんで、記ごうで 書き入れなさい。【1つ2点・10点】

（　）に なったので、（　）する ことに しました。（　）の 下に（　）を おろして、（　）を 食べました。

㋐ こし　㋑ おべんとう　㋒ お昼
㋓ ひとやすみ　㋔ 木

7 つぎの 文しょうを 読んで、後の もんだいに 答えなさい。

㋐今夜は クリスマスイブです。ハンスは びょう気で ねこんで いる ㋑母親の ために、なんとか おいしい ごちそうを 作って やりたいと 思いました。でも、まずしい ハンスの ㋒家には、もう 何も ㋓食べる ものが ありません。がっかりした ハンスは、とぼとぼと 鳥ごやまで 歩いて 行きました。

　鳥ごやの 中には、七めん鳥が 一羽 いるだけでした。それは、ハンスが「タック」と 名づけ、今まで ㋐自分の 子どものように かわいがっていた だいじな 七めん鳥でした。

「ごめんよ。クリスマスだと いうのに 何も食べる ものが ないんだ。お母さんの ために、きみを りょうりさせて おくれ。」

タックは おどろきました。まるで お父さん

(1) ㋐〜㋕の 読み方を 書きなさい。【1つ2点・12点】

㋐（　　　　） ㋑（　　　　）
㋒（　　　　） ㋓（　　　　）
㋔（　　　　） ㋕（　　　　）

(2) いつの お話ですか。【2点】

（　　　　）

(3) ★と ☆は、それぞれ だれが 言った ことばですか。【1つ2点・4点】

★……（　　　　）
☆……（　　　　）

(4) ハンスは 七めん鳥を どう する つもりだったのですか。【5点】

（　　　　）

のように やさしかった ハンスが ㋑自分を 食べて しまおうと して いるのですから。

タックは、ハンスが 鳥ごやの かぎを あけた すきに、外へ にげ出しました。

「タック、まって くれ」――★

ハンスの ㋔声を 遠くに 聞きながら、タックは いちもくさんに にげました。そして、となりの 村まで 行くと、いちばん はじめに 見つけた 家に とびこみました。

①その 家の 中では、おばあさんが、台どころで スープの なべを かきまわして いました。

おばあさんは タックに、「どう したんだい。」と 言い、タックは ②わけを 話しました。

「それは かわいそうに。」――☆

おばあさんは、㋕戸だなの なべを とり出すと、タックに、

「この 中に かくれなさい。」と すすめました。

(5) ‖線㋐と ㋑の 「自分」とは、それぞれ だれの ことですか。【1つ2点・4点】

㋐……（　）

㋑……（　）

(6) 〰線①の 「その 家」とは、どの 家の ことですか。【5点】

（　）

(7) 〰線②の 「わけを 話しました」とは、タックは だれに、どんな わけを 話しましたか。【1つ3点・6点】

・だれに……（　）

・わけ（　）

総合実力テスト 2

時間 20分

得点 /100

漢字の画数や送りがななどの理解度を確認し、正しいことばづかいができるかどうかを総合的に力だめしする。また長い説明文を読んであらゆる方面からの設問に答え、二年国語力の仕上げをする。

1 つぎの ―線を 引いた ことばを かん字と おくりがなで（ ）に 書き直しなさい。【1つ3点・9点】

① わたしたちは おなじ ぼうしを かぶって います。（　　）

② 数が すくないと いって おこらないように。（　　）

③ よく かんがえてから、どちらかを えらびなさい。（　　）

2 つぎの かん字は 何画で 書きますか。（ ）に 数字で 答えなさい。【1つ2点・10点】

① 原（　） ② 切（　） ③ 夜（　）

④ 遠（　） ⑤ 曜（　）

3 書きじゅんの 正しいほうに ○を つけなさい。【1つ2点・8点】

① 船
㋐（　）、丿 ⺆ 舟 舟 舟 船
㋑（　）、丿 ⺆ 舟 舟 舟 船

② 点
㋐（　）丨 ト ⺊ 占 占 点
㋑（　）- ト ⺊ 占 占 点

③ 方
㋐（　）、亠 ナ 方
㋑（　）、亠 亡 方

④ 画
㋐（　）一 丆 丙 币 画 画
㋑（　）一 丅 丌 币 画 画

4 つぎの とき どんな あいさつを しますか。**れい** に ならって 書きなさい。【1つ3点・15点】

れい 家から 学校に 行く とき。
（いってきます。）

① 朝、先生に 会った とき。
（　　　　）

② ごはんを 食べる とき。
（　　　　）

③ 夜、となりの 家へ 行った とき。
（　　　　）

④ 家に おきゃくさんが 来られた とき。
（　　　　）

⑤ 夕方、ともだちと わかれる とき。
（　　　　）

5 つぎの ――線を 引いた ことばを ていねいな 言い方に 直しなさい。【1つ3点・9点】

① おばさんも 休め。
（　　　　）

② 先生が それを 読んで くれた。
（　　　　）

③ おじさんは そう 言った。
（　　　　）

6 つぎの 文を 正しい ことばづかいで 書き直しなさい。【5点】

ぼくは それを めしあがった あとで、先生が 来るのを おまちに なった。

（　　　　）

7 つぎの 文しょうを 読んで、後の もんだいに 答えなさい。

ほとんどの 魚たちは、たまごを うむと、あとの せわを しません。
しかし、中には、うんだ たまごを だいじに まもる 魚も います。それらの 魚たちは、たまごが かえるまで いろいろな やり方で ㋐番を します。
いそに いる しまはぜの めすは、海の そこに いる かきの からの 中に 入って たまごを うみます。その あと、おすが からの 中に とどまって、たまごが かえるまで 番を します。
しおの うすい 水の 中に すむ たなごは、めすが 長い さんらんかんで、生きて いる からすがいの 水かんの 中に、たまごを うみつけます。こうして おけば、ほかの 魚たちに たまごを 食べられて しまう 心ぱいが ないからです。
てんじくだいや ねんぶつだいは、口の 中に たまごを ふくんで そだてて います。なまずの なかまにも 口の 中に たまごや 小魚を 入れて そだてる ものが います。これらの 魚たちは、たまごが かえるまで、えさを 食べられません。
たつのおとしごの おすは、おなかに 子どもを そだてる ための 「いくじのう」と いう ふくろを もって います。そして、めすは その 中に たまごを うみます。うみつけられた たまごは、㋑その 中で まもられながら 大きくなり、やがて、一ぴきずつ 水中に およぎ出して いきます。

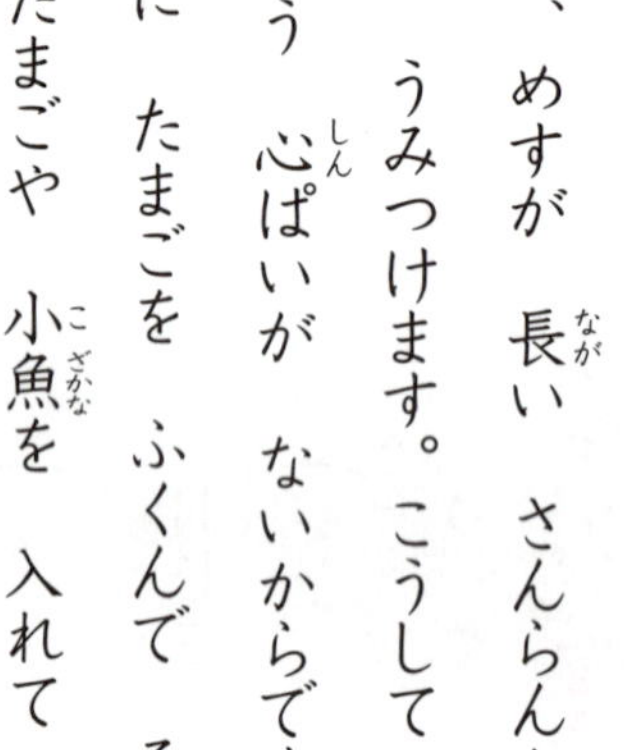

(1) どんな魚(さかな)に ついて、せつ明(めい)を して いますか。【6点】

(　　　　　　)

(2) ——線(せん)㋐で 魚(さかな)たちは 何(なに)の「番(ばん)」を するのですか。【6点】

(　　　　　　)

(3) つぎの 文は、しまはぜが たまごを うんで そだてる までを 書(か)いた ものです。□の 中に 正しい ことばを 入れなさい。【1つ2点・8点】

① めすは、海(うみ)の □にいる かきの □の 中に 入って たまごを うみます。

② おすは □の 中に とどまって、□まで 番(ばん)を します。

(4) たなごは どこに たまごを うみつけますか。【6点】

□の 水かんの 中

(5) たなごが (4)の 答(こた)えの ところに たまごを うむ わけを 書(か)きなさい。【6点】

(　　　　　　)

(6) 口の 中に たまごを ふくんで そだてる ものには、どんな 魚(さかな)が いますか。【1つ2点・6点】

(　　　)(　　　)(　　　)

(7) ——線(せん)㋑の「その 中」とは、何(なに)の 中ですか。【6点】

(　　　　　　)

成績評価グラフ

単元	標準レベル	ハイレベル	最高レベル
1. かん字を　読む	0　50　100	0　50　100	0　50　100
2. かん字を　書く	0　50　100	0　50　100	0　50　100
3. かたかなの　読み書き	0　50　100	0　50　100	0　50　100
4. かなづかい	0　50　100	0　50　100	0　50　100
5. おくりがな	0　50　100	0　50　100	0　50　100
6. ことばの　いみと　はたらき	0　50　100	0　50　100	0　50　100
7. つなぎことば	0　50　100	0　50　100	0　50　100
8. ふごうの　つかい方	0　50　100	0　50　100	0　50　100
9. ことばの　つかい方	0　50　100	0　50　100	0　50　100
10. こそあどことば（しじ語）	0　50　100	0　50　100	0　50　100
11. ことばづかい（敬語）	0　50　100	0　50　100	0　50　100
12. 文の　組み立て	0　50　100	0　50　100	0　50　100
13. しを　読む	0　50　100	0　50　100	0　50　100
14. 生活文を　読む	0　50　100	0　50　100	0　50　100
15. 手紙文を　読む	0　50　100	0　50　100	0　50　100
16. 記ろく文・かんさつ文を　読む	0　50　100	0　50　100	0　50　100

各単元におけるそれぞれのレベルの合格目標点を赤いグラフで表しています。
お子様の得点を塗り、各単元の弱点強化にご使用下さい。

単　元	標準レベル	ハイレベル	最高レベル
17. せつ明文を　読む	0 50 100	0 50 100	0 50 100
18. ものがたり文を　読む	0 50 100	0 50 100	0 50 100
19. 大切な　ところを　読みとる(1)	0 50 100	0 50 100	0 50 100
20. 大切な　ところを　読みとる(2)	0 50 100	0 50 100	0 50 100

単　元	0	10	20	30	40	50	60	70	80	90	100
21. 長文読解（1）											
22. 長文読解（2）											
リビューテスト 1											
リビューテスト 2											
リビューテスト 3											
リビューテスト 4											
リビューテスト 5											
リビューテスト 6											
リビューテスト 7											
リビューテスト 8											
総合実力テスト 1											
総合実力テスト 2											

落丁本・乱丁本がございましたらお取りかえいたします。

しょうがく社 http://www.syougakusya.co.jp/

漢字を　見つけよう!!

★　つぎの　えの　中には　どんな　かん字が
かくれて　いますか。

かん字は　大むかしの
中国の　人たちが　ことばを
絵で　あらわす　ことから
作り出した　ものです。
日本には　今から
千七百年くらい　前に
つたわりました。

段階別　難関中学校をめざし、最高レベルの学力を!!

（最高レベル）
最レベ

小学2年
国語問題集

こたえ

問題ページの縮小版の解答!!

　お子様自身で答えあわせがしやすいように問題ページをそのまま縮小して、読みやすく工夫した解説といっしょに答えが載っています。

考え方のアドバイスを読んで自分の力で学力アップ!!

　考え方の解説やヒントが載っています。
　お子様が自分ひとりで答えあわせをして、わからなかったところも自分で理解できます。

巻末に3回分の最レベ学力テスト15枚を収録!!

　将来の中学入試につながる比較的高度な問題にチャレンジしてください。
　また、お子様の学力診断にもお役立てください。

奨学社

将来のために、特に高い学力を!!

しょうがく社

縮小版の解答の使い方

お子様自身が答えあわせをしながら、説明や考え方を読んで、学習しましょう!!

制限時間を守って、問題にチャレンジしてから、答えあわせをしましょう!!
100点満点です。

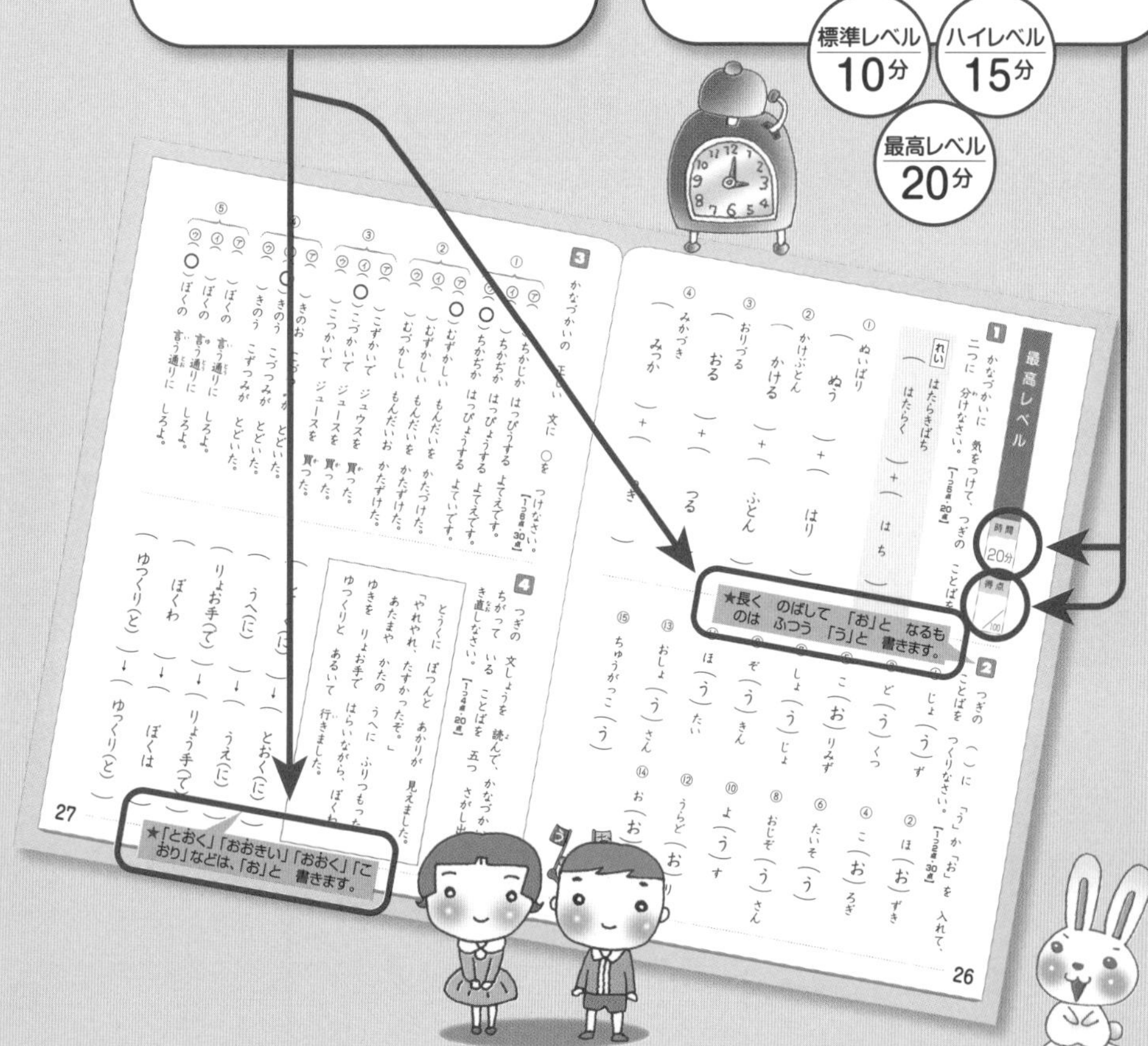

答えあわせをしたあとで、できなかったところは、必ずチェックして、もう一度考えて、正しい答えをていねいに書きこんでおきましょう‥‥‥‥‥!!

チェックしたところは、繰り返し練習してください。

1

かん字を 読む

音訓の読みかえができる力をつける。音訓どちらか片方のみの読み方しかない漢字があることを学習する。また、特別な読み方をする熟字訓を含め、日常の会話に熟語を正しく取り入れられる力を養う。

標準レベル

時間 10分　得点 /100

★この もんだいは すべて 「訓読み」で 読みます。

1 つぎの かん字の 読み方を 書きなさい。【1つ3点・30点】

① 鳥が 鳴く。（とり）（な）
② 朝と 夜（あさ）（よる）
③ 雪が 多い。（ゆき）（おお）
④ 前を 走る。（まえ）（はし）
⑤ 長い 冬（なが）（ふゆ）
⑥ 家に 帰る。（いえ）（かえ）
⑦ 米を 買う。（こめ）（か）
⑧ 南の 星（みなみ）（ほし）
⑨ 楽しい 話（たの）（はなし）
⑩ 聞いて 答える。（き）（こた）

2 つぎの じゅく語の 読み方を 書きなさい。【1つ2点・24点】

① 雨雲（あまぐも）
② 黄色（きいろ）
③ 遠足（えんそく）
④ 天才（てんさい）
⑤ 歌手（かしゅ）
⑥ 作文（さくぶん）
⑦ 汽車（きしゃ）
⑧ 新年（しんねん）
⑨ 直線（ちょくせん）
⑩ 教室（きょうしつ）
⑪ 強力（きょうりょく）
⑫ 電話（でんわ）

★形の にて いる かん字に 気を つけましょう。「でんち」は、「電池」です。

3 ―線の かん字の 読み方を 書きなさい。【1つ2点・26点】

① 同時―三回（どう）（かい）
② 公園―会社（こう）（かい）
③ 毎日―海草（まい）（かい）
④ 数字―教室（すう）（きょう）
⑤ 土地―古池（ち）（いけ）
⑥ 図工―国王（ず）（こく）
⑦ 谷川―合計（たに）（ごう）
⑧ 体力―休日（たい）（きゅう）
⑨ 父母―毎年（ぼ）（まい）
⑩ 顔色―石頭（かお）（あたま）
⑪ 丸太―子犬（た）（いぬ）
⑫ 毛糸―右手（け）（て）
⑬ 小刀―風力（がたな）（りょく）

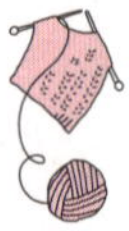

4 れい に ならって ―線の かん字の 読み方を 書きなさい。【1つ2点・20点】

れい 小魚を 食べた。（ざかな）　金魚に えさを やる。（ぎょ）

① 岩山に のぼる。（いわ）　白い 岩石を 見つけた。（がん）
② 兄は みんなに 親切だ。（しん）　親子づれの 馬を 見た。（おや）
③ 切手を 買う。（きっ）　この 本は 大切だ。（せつ）
④ 今夜は さむい。（や）　夜空を 見上げた。（よ）
⑤ ひ鳴を あげる。（めい）　虫の 鳴き声（な）

ハイレベル

時間 15分　得点 /100

★西（にし）の 音読みは、北西の 「せい」と 西国の 「さい」が あります。

1 ―線の かん字の 読み方を 書きなさい。【1つ1点・20点】

① 外出・町外れ・外がわ（がい）（はず）（そと）
② 字引・引力・引っこし（び）（いん）（ひ）
③ 直角・まち角・角ぶえ（かく）（かど）（つの）
④ 兄弟・兄と姉・兄さん（きょう）（あに）（にい）
⑤ 北西・西国・西日・東西（せい）（さい）（にし）（ざい）
⑥ 作文・作家・作用・手作り（さく）（さっ）（さ）（づく）

2 つぎの 読み方が ある かん字を □から えらんで、□に 書きなさい。【1つ2点・36点】（順不同）

① チョウ…… 朝・鳥・長
② トウ…… 当・答・頭・東
③ コウ…… 高・光・広・交
④ シン…… 心・新・親
⑤ セイ…… 声・西・晴・星

高 心 鳥 当 声 答 西 長 新
朝 親 頭 光 晴 広 東 星 交

3 つぎの かん字の 読み方を 二通りずつ 書きなさい。【1つ3点・33点】

① 朝（ちょう）（あさ）
② 国（こく）（くに）
③ 道（どう）（みち）
④ 原（げん）（はら）
⑤ 場（じょう）（ば）
⑥ 里（り）（さと）
⑦ 店（てん）（みせ）
⑧ 友（ゆう）（とも）
⑨ 方（ほう）（かた）
⑩ 毛（もう）（け）
⑪ 馬（ば）（うま）

4 ―線の かん字の 読み方を 書きなさい。【1つ1点・11点】

① 体そうを すると、体が ぽかぽかして きます。（たい）（からだ）
② 音楽を 聞くのは、とても 楽しい ことです。（おんがく）（たの）
③ 戸外とは 家の 外の ことです。（こがい）（そと）
④ この 風は 南から ふいて くるのか、それとも、南西から ふいて くるのか。（みなみ）（なんせい）
⑤ うんどう会の あった 晴れた 日に、はじめて おばさんに 会いました。（かい）（は）（あ）

★ほかに 戸数（こすう）など、戸を 「こ」と 読みます。

最高レベル

時間 20分　得点 /100

1 つぎの じゅく語の 読み方を（　）に 書きなさい。【1つ2点・36点】

①羽毛（うもう）　②引火（いんか）　③遠出（とおで）
④正直（しょうじき）　⑤野外（やがい）　⑥馬子（まご）
⑦晴雨（せいう）　⑧用心（ようじん）　⑨新米（しんまい）
⑩秋雨（あきさめ）　⑪手近（てぢか）　⑫音頭（おんど）
⑬絵画（かいが）　⑭雨戸（あまど）　⑮読本（とくほん）
⑯後日（ごじつ）　⑰大工（だいく）　⑱七夕（たなばた）

★雨を 「さめ」と 読みます。

★「読」を、「どく」では なく「とく」と 読みます。

2 ―線の かん字の 読み方を（　）に 書きなさい。【1つ2点・22点】

① 教える（おし）　教わる（おそ）
② 食べる（た）　食う（く）
③ 歩む（あゆ）　歩く（ある）
④ 行く（い）　行う（おこな）
⑤ 少ない（すく）　少し（すこ）
⑥ 直す（なお）　直ちに（ただ）
⑦ 通る（とお）　通う（かよ）
⑧ 交わる（まじ）　交じる（ま）
⑨ 新しい（あたら）　新た（あら）
⑩ 生まれる（う）　生きる（い）　生える（は）
⑪ 明るい（あか）　明らか（あき）　明ける（あ）

6

3 □に 入る かん字を 下から えらんで ことばを 作り、（　）に その 読み方を 書きなさい。【1つ4点・32点】

①画家（がか）　②海外（かいがい）　③日記（にっき）　④汽車（きしゃ）
⑤会社（かいしゃ）　⑥親切（しんせつ）　⑦船長（せんちょう）　⑧地図（ちず）

記	汽	海	家	会	地	親	長

4 つぎの 文しょうを 読んで、後の もんだいに 答えなさい。

㋐で ㋑を とって いると、池の 方から ポチャンと いう 音が 聞こえた。「きっと ㋒が とびはねて いるのよ。」と、母が いった。妹と いっしょに 池を 見に いくと、とても 大きな ㋒が およいで いた。

(1) ㋐・㋑に 入る ことばを □の 中から それぞれ えらび、下に 読みがなを 書きなさい。【1つ3点・6点】

早朝・電話・野外
昼食・車道・台風

㋐（やがい）　㋑（ちゅうしょく）

(2) ㋒に 入る かん字一字を 書き、下に 読みがなも 書きなさい。【1つ2点・4点】

㋒（魚）　読みがな（さかな）

7

2 かん字を 書く

標準レベル

時間 10分　得点 /100

送りがなに注意しながら、一字一字正しい筆順で漢字が書ける力を身につける。また、それぞれの漢字が持つ意味をとらえながら、熟字訓も正しく書きこなせる力を養う。

1 つぎの かん字の 書き方で 正しい ほうに ○を つけなさい。【1つ4点・20点】

★二画目に 気を つけます。

① 麦　㋐( )　㋑(○)
② 角　㋐( )　㋑(○)
③ 万　㋐(○)　㋑( )
④ 止　㋐(○)　㋑( )
⑤ 馬　㋐( )　㋑(○)

2 つぎの かん字の 赤い ところは 何番目に 書きますか。【1つ2点・32点】

れい 合 3

① 西 4　② 点 1　③ 妹 3
④ 記 9　⑤ 母 3　⑥ 弓 3
⑦ 魚 6　⑧ 戸 4　⑨ 光 2
⑩ 黒 5　⑪ 寺 2　⑫ 当 1
⑬ 半 5　⑭ 色 5
⑮ 船 6
⑯ 店 5

(かん数字でもよい。)

3 つぎの 二通りの 読み方を する かん字を 書きなさい。【1つ2点・16点】

れい トウ・ひがし……(東)

① カイ・うみ……(海)
② ガン・かお……(顔)
③ セツ・ゆき……(雪)
④ ゲン・はら……(原)
⑤ チュウ・ひる……(昼)
⑥ チョウ・とり……(鳥)
⑦ シュウ・あき……(秋)
⑧ シ・かみ……(紙)

4 □の 中に かん字を 書きなさい。【1つ2点・32点】

① [牛]には [黒]い もようが ある。
② [近]い [道]を えらぶ。
③ [広]くて あたたかい [場]所。
④ [人][形]を [作]った。
⑤ わたしの [兄]と [姉]です。
⑥ [計][算]を してから、[答]えなさい。
⑦ 土[曜]日に [会]いましょう。
⑧ [毎][朝] きちんと ごはんを [食]べる。

★黒の ,,,, てんの むきに 気を つけます。

ハイレベル

時間 15分　得点 /100

1 つぎの ことばを かん字 三字で 書きなさい。【1つ4点・32点】

★じゅく語と いうのは、二ついじょうの かん字が むすびついて できた ことばです。

① つうこうにん……通行人
② えにっき……絵日記
③ しんぶんしゃ……新聞社
④ いっしゅうかん……一週間
⑤ りかしつ……理科室
⑥ きょうにんぎょう……京人形
⑦ にゅうどうぐも……入道雲
⑧ つうようもん……通用門

2 □の かん字を 組み合わせて、一つの ことばを 作りなさい。【1つ3点・24点】

① 図室書 →(図書室)
② 場魚市 →(魚市場)
③ 目五行 →(五行目)
④ 画紙用 →(画用紙)
⑤ 火日曜 →(火曜日)
⑥ 池用水 →(用水池)
⑦ 家音楽 →(音楽家)
⑧ 前中午 →(午前中)

3 つぎの かん字の 書き方で、正しい ほうに ○を つけなさい。【1つ4点・24点】

★母の 三画目・四画目に ちゅうい しましょう。

① 丸　( )　(○)
② 母　(○)　( )
③ 米　( )　(○)
④ 図　( )　(○)
⑤ 長　( )　(○)
⑥ 書　( )　(○)

4 ——線を 引いた ことばを かん字と おくりがなを つけて 書きなさい。【1つ2点・20点】

① ボールを まとに あてなさい。(当て)
② 今から 時間を はかりましょう。(計り)
③ よく かんがえて こたえなさい。(考え)(答え)
④ すぐに 先生に しらせなさい。(知らせ)
⑤ それは お店で うって いません。(売って)
⑥ おもった ことを 手紙に 書きなさい。(思った)
⑦ わたしが おしえて あげましょう。(教えて)
⑧ 立ちどまって ノートに しるした。(止まって)(記した)

最高レベル

時間 20分　得点 ／100

1 つぎの かん字は 何画ですか。（　）の 中に 数を 書きなさい。【1つ1点・20点】

①弟（7）　②曜（18）　③園（13）
④歌（14）　⑤紙（10）　⑥海（9）
⑦弱（10）　⑧後（9）　⑨食（9）
⑩姉（8）　⑪室（9）　⑫場（12）
⑬親（16）　⑭新（13）
⑮数（13）　⑯雪（11）
⑰前（9）　⑱頭（16）
⑲番（12）　⑳電（13）

（かん数字でもよい。）

2 「言」と「⻌」が つく かん字を それぞれ 四つずつ 書きなさい。【1つ1点・8点】

①「言」……語・話・計・読（記も可）
②「⻌」……道・近・遠・通（週も可）

3 それぞれに 合う かん字を、四つずつ 書きなさい。【1つ1点・12点】

① きせつを あらわす かん字　春・夏・秋・冬
② 方こうを あらわす かん字　上・下・左・右（前・後）
③ 方がくを あらわす かん字　東・西・南・北

★「⻌」を 「しんにょう」と いいます。

4 □の 中に かん字を 書きなさい。【1つ2点・30点】

① 春分の 日に 東京へ 行った。
② 明日は 馬車に のりましょう。
③ その 地方で とれます。
④ 野鳥に ついて 話した。
⑤ 広大な 土地
⑥ 昼食は 正午に とります。
⑦ 少年少女 合しょうだん
⑧ 半年後に 通知します。

5 つぎの 文しょうの ――線の ところを かん字で 書きなさい。【1つ2点・30点】

ふゆやすみ（冬休(み)）に ちち（父）と ふたり（二人）で りょこう（行）を した。あさはや（朝早）くに でんしゃ（電車）に のった。えきの ばいてん（売店）で しんぶんし（新聞紙）と ぎゅう（牛）にゅうを か（買）った。そと（外）は、ゆき（雪）が ふって いて、とても さむかった。「にほんかい（日本海）は まだ とお（遠）いの。」と、ぼくは き（聞）いて みた。

3 かたかなの 読み書き

一年生で学習したことの復習を兼ねながら、間違えやすいかたかなの形に注意して、正確に読み書きができる力を養う。また、擬声語はかたかなで、擬態語はひらがなで書くということを、正しく理解する。

標準レベル

時間 10分　得点 /100

1 ひょうの あいて いる ところに かたかなを 書きなさい。【1つ1点・24点】

が	ざ	だ	ば	ぱ
ガ	ザ	ダ	バ	パ
ぎ	じ	ぢ	び	ぴ
ギ	ジ	ヂ	ビ	ピ
ぐ	ず	づ	ぶ	ぷ
グ	ズ	ヅ	ブ	プ
げ	ぜ	で	べ	ぺ
ゲ	ゼ	デ	ベ	ペ
ご	ぞ	ど	ぼ	ぽ
ゴ	ゾ	ド	ボ	ポ

★だく音の 「〃」は ①→〃② の じゅんに 書きます。

2 ひょうの あいて いる ところに かたかなを 書きなさい。【1つ1点・34点】

きゃ	しゃ	ちゃ	にゃ	ひゃ	みゃ	りゃ	ぎゃ	じゃ	ぢゃ	びゃ	ぴゃ
キャ	シャ	チャ	ニャ	ヒャ	ミャ	リャ	ギャ	ジャ	ヂャ	ビャ	ピャ
きゅ	しゅ	ちゅ	にゅ	ひゅ	みゅ	りゅ	ぎゅ	じゅ	ぢゅ	びゅ	ぴゅ
キュ	シュ	チュ	ニュ	ヒュ	ミュ	リュ	ギュ	ジュ	ヂュ	ビュ	ピュ
きょ	しょ	ちょ	にょ	ひょ	みょ	りょ	ぎょ	じょ	ぢょ	びょ	ぴょ
キョ	ショ	チョ	ニョ	ヒョ	ミョ	リョ	ギョ	ジョ	ヂョ	ビョ	ピョ

★よう音・そく音を 書くときは、小さい 文字を つかいます。

3 つぎの ことばを かたかなで 書きなさい。【1つ3点・30点】

① すぴいかあ……（スピーカー）
② くりっぷ……（クリップ）
③ れすりんぐ……（レスリング）
④ はあもにか……（ハーモニカ）
⑤ があどれえる……（ガードレール）
⑥ しゅうくりいむ……（シュークリーム）
⑦ きゃんぴんぐかあ……（キャンピングカー）
⑧ こんぴゅうたあ……（コンピューター）
⑨ ぷらすちっく……（プラスチック）
⑩ すけっちぶっく……（スケッチブック）

4 なかまはずれの ものを 見つけて、○を つけなさい。【1つ3点・12点】

① ㋐（ ）テレビ ㋑（○）ヨット ㋒（ ）ラジオ
② ㋐（○）ココア ㋑（ ）フランス ㋒（ ）スイス
③ ㋐（ ）ピヨピヨ ㋑（ ）ワンワン ㋒（○）パチパチ
④ ㋐（ ）ヘレンケラー ㋑（○）カスタネット ㋒（ ）ナイチンゲール

ハイレベル

時間 15分　得点 /100

1 つぎの ことばを、ひらがなで 書きなさい。【1つ2点・20点】

① スイセン……（すいせん）
② ハクチョウ……（はくちょう）
③ ツルンツルン……（つるんつるん）
④ ブルブル……（ぶるぶる）
⑤ ガランガラン……（がらんがらん）
⑥ チョロチョロ……（ちょろちょろ）
⑦ ドンブリコ……（どんぶりこ）
⑧ ゴロンゴロン……（ごろんごろん）
⑨ ヒヤヒヤ……（ひやひや）
⑩ ノソノソ……（のそのそ）

2 □の 中の ことばを 五つの なかまに 分けて、かたかなで 書きなさい。【1つ3点・30点】

① 食べもの（トースト）（メロン）
② もの音（パタパタ）（ゴトゴト）
③ 国の名前（ブラジル）（ベルギー）
④ 生きもの（ライオン）（ペンギン）
⑤ なき声（メエメエ（メーメーも可））（ケロケロ）

めえめえ　ぱたぱた　らいおん　ぶらじる　とうすと　けろけろ　ぺんぎん　ごとごと　べるぎい　めろん

★かたかなで 書くときに 長音は 長音符号「ー」を つかいます。

3 つぎの □の 中に かたかなを 書き入れて、ことばを つくりなさい。【1つ2点・26点】

① ラ［ン］プ（ッ）
② セー［タ］ー
③ オ［ル］ガン
④ パイ［ナ］ップル
⑤ トラッ［ク］（プ）
⑥ ペン［ギ］ン
⑦ ビス［ケ］ット
⑧ イギリ［ス］
⑨ ト［ナ］カイ
⑩ マーガ［レ］ット
⑪ ト［ラ］ンペット
⑫ チュー［リ］ップ
⑬ クリス［マ］スツリー

4 つぎの ことばに 一字ずつ まちがいが あります。まちがいの 字に ×を つけて、（ ）に ことばを 正しく 書き直しなさい。【1つ3点・24点】

① ト✕ンプ……（トランプ）
② チョー✕……（チョーク）
③ フライ✕ン……（フライパン）
④ カンガ✕ー……（カンガルー）
⑤ アンデル✕ン……（アンデルセン）
⑥ タ✕バリン……（タンバリン）
⑦ バ✕リーナ……（バレリーナ）
⑧ ハンカ✕……（ハンカチ）

★「チ」と 「テ」など よく にた 形の かたかなに 気を つけましょう。

最高レベル

時間 20分　得点 /100

1 つぎの 中で かたかなで 書く ことばに ○を つけなさい。【1つ5点・25点】

① （　）つめ　② （○）らじお
③ （○）いんく　④ （　）てぶくろ
⑤ （　）きんぎょ　⑥ （　）とけいだい
⑦ （　）こくばん　⑧ （○）あるばむ
⑨ （○）ちゅういんがむ　⑩ （　）ちょきんばこ
⑪ （○）へりこぷたあ　⑫ （　）きゅうきゅうしゃ

★外国から 来た ことばは、かたかなで 書きます。

★ようすを あらわす ことばは ひらがなで 書きます。

2 つぎの 文の 中で 書き方の まちがって いる ことばを さがして、よこに ——を 引きなさい。【1つ5点・25点】

① 弟は、ぐったりと つかれたので、一日中 ゴロゴロして いました。
② 遠くで いな光りが して、かみなりが ごろごろと なりました。
③ 妹は ミルクを ごくんごくんと 音を たてて、どんどん のんで しまいました。
④ ねこの 赤ちゃんは ぶるぶる ふるえながら、にゃおーと なきました。
⑤ 犬が ワンワン ほえてから、ノコノコ ついて きました。

3 つぎの 文しょうを 読んで、後の もんだいに 答えなさい。

> とんとんと、戸を たたく 音が しました。
> 「どなたですか。」
> べっどの 中に もぐって 本を 読んで いた ププは、大きな 声で たずねました。
> でも、何の へんじも なく、雨が シトシト ふって いる だけでした。
> 「いったい、だれだろう。」
> ププは おきあがると、そっと 戸を あけて みました。
> すると、そこには ちんぱんじいの 赤ちゃんが いました。ブルブル ふるえながら、丸く なって いました。

★「しとしと」は、雨が ふる ようすを あらわして います。

(1) かたかなで 書く ことばが 三つ、ひらがなに なって います。書き直しなさい。【1つ10点・30点】

ひらがな　→　かたかな
（とんとん）→（トントン）
（べっど）→（ベッド）
（ちんぱんじい）→（チンパンジー）

(2) ひらがなで 書く ことばが 二つ、かたかなに なって います。書き直しなさい。【1つ10点・20点】

かたかな　→　ひらがな
（シトシト）→（しとしと）
（ブルブル）→（ぶるぶる）

リビューテスト 1

時間 10分　得点 /100

1 つぎの かん字の 書き方で 正しい ほうに ○を つけなさい。【1つ5点・15点】

① 強
㋐（　）フ ㇇ 弓 弓 弘 弘 弘 強 強
㋑（○）ㄱ ㄱ 弓 弓 弘 弘 弘 強 強
② 歌
㋐（○）一 ㄏ 可 可 可 哥 歌
㋑（　）一 冂 可 可 可 哥 歌
③ 番
㋐（　）一 二 千 乎 平 釆 番
㋑（○）一 ㇀ 丆 乊 平 釆 番

2 —線の かん字の 読み方を、書きなさい。【1つ5点・20点】

① 百科じてん（ひゃっか）
② わらい顔（がお）
③ 白雲（はくうん）（しらくも）
④ 風上と（かざかみ） 風下（かざしも）

3 つぎの 文を かん字と ひらがなを つかって 書き直しなさい。（かん字で 書く ところは、——を 引いて います。）【1つ8点・24点】

① シュウブンノ ヒハ、クガツニ アリマス。
（秋分の 日は、九月に あります。）
② ウミノ ヒハ、シチガツニ アリマス。
（海の 日は、七月に あります。）
③ ハハオヤハ、コドモニ アタラシイ クツヲ カッテ ヤリマシタ。
（母親は、子どもに 新しい くつを 買って やりました。）

4 つぎの 文しょうを 読んで、後の もんだいに 答えなさい。

> 川本さんの 家には レオと いう ㋐なまえの ㋑ばんけんが います。
> レオは とても 大きく りっぱな 犬なのに、どういう わけか 虫が 大きらいです。とくに ありを こわがって、(あ)コノマエ にわに ありの すが できた ときも、ずっと 犬小やの 中で 小さく なって いた そうです。
> 「どろぼうには ㋒つよきに なって とびかかるのに、へんな 犬でしょう?」
> 川本さんの おくさんは そう いって（★）と わらいますが、本当は レオが ㋓じぶんの 子どもの ように かわいくて しかたが ないのだと わたしは (い)オモイマス。

(1) 「家」という字は 何画ですか。【5点】
⑩ 十 画

(2) ㋐～㋓の ひらがなを かん字に 書き直しなさい。【1つ8点・20点】
㋐（名前）　㋑（番犬）
㋒（強気）　㋓（自分）

(3) (あ)・(い)の かたかなを かん字と ひらがなで 書き直しなさい。【1つ4点・8点】
(あ)（この前）　(い)（思います）

(4) （★）に はいる ことばを つぎの 中から 二つ えらび、○を つけなさい。【1つ4点・8点】
（　）ふわふわ　（○）けらけら
（○）くすくす　（　）ぺらぺら
（　）さらさら　（　）がらがら

★わらうときの かざりことばを 考えましょう。

かなづかい

標準レベル

時間 10分　得点 /100

長くのばしていうときの表し方、「づ」「ず」・「じ」「ぢ」の使いわけ、小さく書く字、特別な書き方などのかなづかいに気をつけて言葉を書く力を身につける。またそれらの誤りを見抜き、正しく書きなおせる力を養う。

1 つぎの ことばには、まちがいが あります。（　）に 正しく 書き直しなさい。【1つ4点・32点】

① ろおか……（ろうか）
② づかん……（ずかん）
③ みぢかい……（みじかい）
④ おとおと……（おとうと）
⑤ こおえん……（こうえん）
⑥ かんずめ……（かんづめ）
⑦ かみひこおき……（かみひこうき）
⑧ しょおがくせえ…（しょうがくせい）

2 かなづかいに 気を つけて、一つの ことばに しなさい。【1つ2点・24点】

① むら ＋ ひと（むらびと）
② あめ ＋ くつ（あまぐつ）
③ て ＋ つくり（てづくり）
④ そこ ＋ ちから（そこぢから）
⑤ はな ＋ ち（はなぢ）
⑥ やま ＋ こや（やまごや）
⑦ いろ ＋ かみ（いろがみ）
⑧ かん ＋ つめ（かんづめ）
⑨ かぜ ＋ くるま（かざぐるま）
⑩ ばね ＋ はかり（ばねばかり）
⑪ はな ＋ その（はなぞの）
⑫ ひと ＋ ひと（ひとびと）

★くっつけた 後の ことばが、かならず だく音（゛の ついた 音の ことば）に なります。

3 かなづかいの 正しい ほうに、○を つけなさい。【1つ2点・20点】

① ㋐（　）かはら　㋑（○）かわら
② ㋐（○）こおり水　㋑（　）こうり水
③ ㋐（　）とうい　㋑（○）とおい
④ ㋐（○）じめん　㋑（　）ぢめん
⑤ ㋐（○）茶づけ　㋑（　）茶ずけ
⑥ ㋐（　）二本づつ　㋑（○）二本ずつ
⑦ ㋐（○）せいと　㋑（　）せえと
⑧ ㋐（○）とうげ　㋑（　）とおげ
⑨ ㋐（　）いつすんぼうし　㋑（○）いっすんぼうし
⑩ ㋐（　）おおじさま　㋑（○）おうじさま

★「二本ずつ」「少しずつ」を まちがわないように しましょう。

4 つぎの （　）に 「ず」か 「づ」を 入れて、ことばを つくりなさい。【1つ2点・24点】

① つ（づ）く
② く（ず）かご
③ ふたり（づ）れ
④ 近（づ）く
⑤ ち（ず）ちょう
⑥ みそ（づ）け
⑦ ほお（ず）り
⑧ うな（ず）く
⑨ にわ（づ）くり
⑩ かた（づ）く
⑪ 少し（ず）つ
⑫ こ（づ）かい

ハイレベル

時間 15分　得点 /100

1 つぎの （　）に 「え」「へ」「い」の どれかを 入れて、ことばを つくりなさい。【1つ2点・24点】

① い（え）
② （へ）んじ
③ （え）んそく
④ せんせ（い）
⑤ （へ）ちま
⑥ かげ（え）
⑦ こうて（い）
⑧ ね（え）さん
⑨ （え）いが
⑩ （へ）いきんだい
⑪ いろ（え）んぴつ
⑫ か（え）りみち

2 かなづかいが まちがって いる ものを 一つ 見つけて ○を つけなさい。【1つ4点・32点】

① （　）大きい（おおきい）　（　）王さま（おうさま）　（○）高校（こおこう）
② （○）図画（づが）　（　）自分（じぶん）　（　）水（みず）
③ （　）大風（おおかぜ）　（　）二つずつ　（○）こずかい
④ （　）草原（そうげん）　（○）黄金（おおごん）　（　）おおかみ
⑤ （○）ほおび　（　）夕方（ゆうがた）　（　）きのう
⑥ （　）こづつみ　（　）うなずく　（○）ぞおきん
⑦ （　）ほおずき　（○）ねいさん　（　）おうえん
⑧ （　）いじわる　（　）おおどおり　（○）ちぢむ

★「ち」の 音が つづき、後の 音が にごるとき 「ぢ」を つかいます。

3 つぎの 文には かなづかいの まちがいが あります。（　）に 正しく 書き直しなさい。【1つ5点・25点】

① 家え 帰ってから そおだんした。
（家へ 帰ってから そうだんした。）
② この 花わ とても きれえです。
（この 花は とても きれいです。）
③ おうぜいの 人に おれえを 言った。
（おおぜいの 人に おれいを 言った。）
④ 二本づつ ろおそくを くばった。
（二本ずつ ろうそくを くばった。）
⑤ とうい くにから こずつみが とどいた。
（とおい くにから こづつみが とどいた。）

4 つぎの 文しょうを 読んで、後の もんだいに 答えなさい。

> ㋐いもおとは 一ねん二くみの きょうしつで べんきょうを して います。□たし□、㋑をべんとうを 食べると いつも 山本さんを さそって、㋒一ねん二くみえ 行って みます。

(1) □の 中に 「は」か 「わ」を 入れなさい。【4点】

わ たし は

(2) ――が 引いて ある ところを 正しく 書き直しなさい。【1つ5点・15点】

㋐（いもうとは）
㋑（おべんとう）
㋒（一ねん二くみへ）

最高レベル

時間 20分　得点 /100

1 かなづかいに 気をつけて、つぎの ことばを 二つに 分けなさい。【1つ5点・20点】

れい はたらきばち（はたらく）＋（はち）

① ぬいばり（ぬう）＋（はり）

② かけぶとん（かける）＋（ふとん）

③ おりづる（おる）＋（つる）

④ みかづき（みっか）＋（つき）

★長く のばして 「お」と なるものは ふつう 「う」と 書きます。

2 つぎの（　）に 「う」か 「お」を 入れて、ことばを つくりなさい。【1つ2点・30点】

① じょ（う）ず　② ほ（お）ずき

③ ど（う）くつ　④ こ（お）ろぎ

⑤ こ（お）りみず　⑥ たいそ（う）

⑦ しょ（う）じょ　⑧ おじぞ（う）さん

⑨ ぞ（う）きん　⑩ よ（う）す

⑪ ほ（う）たい　⑫ うらど（お）り

⑬ おしょ（う）さん　⑭ お（お）かみ

⑮ ちゅうがっこ（う）

3 かなづかいの 正しい 文に ○を つけなさい。【1つ6点・30点】

①
㋐（　）ちかじか はっぴうする よてえです。
㋑（　）ちかぢか はっぴょうする よてえです。
㋒（○）ちかぢか はっぴょうする よていです。

②
㋐（○）むずかしい もんだいを かたづけた。
㋑（　）むずかしい もんだいを かたずけた。
㋒（　）むづかしい もんだいお かたずけた。

③
㋐（　）こずかいで ジュウスを 買った。
㋑（○）こづかいで ジュースを 買った。
㋒（　）こつかいで ジュースを 買つた。

④
㋐（　）きのお こづつみが とどいた。
㋑（○）きのう こづつみが とどいた。
㋒（　）きのう こずつみが とどいた。

⑤
㋐（　）ぼくの 言う通りに しろよ。
㋑（　）ぼくの 言う通りに しろよ。
㋒（○）ぼくの 言う通りに しろよ。

4 つぎの 文しょうを 読んで、かなづかいが まちがって いる ことばを 五つ さがし出し、書き直しなさい。【1つ4点・20点】

とうくに ぽつんと あかりが 見えました。
「やれやれ、たすかったぞ。」
あたまや かたの うへに ふりつもった
ゆきを りょお手で はらいながら、ぼくわ
ゆっくりと あるいて いきました。

（とうく(に)）→（とおく(に)）

（うへ(に)）→（うえ(に)）

（りょお手(で)）→（りょう手(で)）

（ぼくわ）→（ぼくは）

（ゆっくり(と)）→（ゆっくり(と)）

★「とおく」「おおきい」「おおく」「こおり」などは、「お」と 書きます。

5

おくりがな

標準レベル

時間 10分　得点 ／100

活用語尾を送る原則的な送りがなのつけ方や、基本外になる送りがなのつけ方を習得し、送りがなの誤りを正確に書き直せる力を養う。また送りがなのある漢字を書いたり、送りがなから漢字を連想することが素早くできるようにする。

1 おくりがなが まちがって います。正しい おくりがなを つけて 書き直しなさい。【1つ2点・24点】

① 遠おい（遠い）
② 細そい（細い）
③ 広ろい（広い）
④ 弱わい（弱い）
⑤ 少い（少ない）
⑥ 高かい（高い）
⑦ 話なす（話す）
⑧ 歌たう（歌う）
⑨ 帰える（帰る）
⑩ 当る（当たる）
⑪ 計かる（計る）
⑫ 回わる（回る）

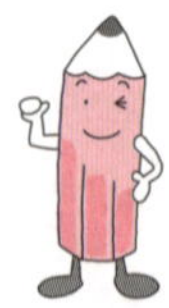

★細い(ほそーい)・細かい(こまーかい)です。

2 つぎの かん字に おくりがなを つけなさい。【1つ2点・26点】

① ふとい（太い）
② ならす（鳴らす）
③ ながい（長い）
④ たのしい（楽しい）
⑤ つよい（強い）
⑥ ちかい（近い）
⑦ あたらしい（新しい）
⑧ まるい（丸い）
⑨ もちいる（用いる）
⑩ おもう（思う）
⑪ いきる（生きる）
⑫ くろい（黒い）
⑬ かたる（語る）

3 □に あてはまる ひらがなを 書き入れなさい。【1つ2点・20点】

① ろうかを 走[っ]ては いけません。
② 夜が 明[け]て きた。
③ 本が たくさん 売[れ]た。
④ こうえんを 通[り]ぬけて 行こう。
⑤ 力強[く] うなずいた。
⑥ みんなは なかなか 来[な]い。
⑦ そんなに たくさん 食[べ]られない。
⑧ 紙を 切[り]きざんだ。
⑨ あしたは 晴[れ]るでしょう。
⑩ 細[か]い すなを あつめた。

4 下の かん字を つかって、かん字と おくりがなで 書きなさい。【1つ3点・30点】

① うまれる……（生まれる）
② ひかる……（光る）
③ おしえる……（教える）
④ おこなう……（行う）
⑤ ふるい……（古い）
⑥ うしろ……（後ろ）
⑦ あゆむ……（歩む）
⑧ あかるい……（明るい）
⑨ おなじ……（同じ）
⑩ おおい……（多い）

後・古・明・光・教・多・同・生・歩・行

ハイレベル

時間 15分　得点 ／100

1 書き方の 正しい 方に、○を つけなさい。【1つ4点・24点】

① ㋐（ ）ここで 止りなさい。
　㋑（○）ここで 止まりなさい。
② ㋐（○）右と 左を 合わせなさい。
　㋑（ ）右と 左を 合せなさい。
③ ㋐（ ）かんたんには 近かづけない。
　㋑（○）かんたんには 近づけない。
④ ㋐（ ）ここに 記るして あります。
　㋑（○）ここに 記して あります。
⑤ ㋐（○）それは 売りものです。
　㋑（ ）それは 売ものです。
⑥ ㋐（○）ここが 分かれ目です。
　㋑（ ）ここが 分れ目です。

2 おくりがなの つけ方が 正しい 文には ○を、まちがって いる 文には ×を つけなさい。【1つ2点・20点】

①（×）まっすぐ 歩るきなさい。
②（○）だいじょうぶだと 思う。
③（○）これが 新しい 学校です。
④（×）先生も 交じえて 話し合う。
⑤（○）毎日が 楽しいですか。
⑥（×）早く 知せなさい。
⑦（○）ていねいに 組み立てましょう。
⑧（×）考がえる ことは 大切です。
⑨（○）かわいい 人形を 作ろう。
⑩（×）それには 答たえられません。

★交える(まじーえる)
★交じる(まーじる)に 気を つけます。

3 つぎの ——を 引いた ことばを、かん字と おくりがなで（ ）に 書き直しなさい。【1つ4点・20点】

① 見えて いる 星の かずを かぞえなさい。（数え）
② お寺の かねの 音が きこえた。（聞こえた）
③ その ロープは とても ほそい。（細い）
④ したしい 友だちは 何人 いますか。（親しい）
⑤ さわがしい 人は あとまわしに しますよ。（後回し）

4 つぎの おくりがなが つく かん字を、下から えらんで □に 書き入れなさい。【1つ4点・36点】

① [少]　し／ない
② [教]　える／わる
③ [外]　す／れる
④ [分]　ける／かれる
⑤ [計]　る／らう
⑥ [明]　ける／るい
⑦ [当]　たる／てる
⑧ [食]　う／べる
⑨ [通]　る／う

当・分・外・通・教・少・計・食・明

★明ける(あーける)・明るい(あかーるい)です。

最高レベル

時間 20分　得点 ／100

1 つぎの ことばを、かん字と おくりがなで 書きなさい。【1つ3点・30点】

① ひきわけ……（引き分け）
② なつやすみ……（夏休み）
③ はなしあい……（話し合い）
④ こころぼそい……（心細い）
⑤ うりあげ……（売り上げ）
⑥ おもいだす……（思い出す）
⑦ かきしるす……（書き記す）
⑧ はしりまわる……（走り回る）
⑨ やつあたり……（八つ当たり）
⑩ みなおす……（見直す）

2 おくりがなに 気を つけて 読みがなを つけなさい。【1つ4点・32点】

① ㋐ 上げる（あ）　㋑ 上る（のぼ）
② ㋐ 直す（なお）　㋑ 直ちに（ただ）
③ ㋐ 新しい（あたら）　㋑ 新た（あら）
④ ㋐ 来る（く）　㋑ 来ない（こ）
⑤ ㋐ 出る（で）　㋑ 出す（だ）
⑥ ㋐ 行く（い）　㋑ 行う（おこな）
⑦ ㋐ 交わる（まじ）　㋑ 交ぜる（ま）
⑧ ㋐ 入る（はい）　㋑ 入れる（い）

3 （　）に かん字の 読みがなを 書き、おくりがなの 正しい ほうに ○を つけなさい。【1つ6点・30点】

① （かんが）考　㋐（　）がえる　㋑（○）える
② （みずか）自　㋐（　）から　㋑（○）ら
③ （なか）半　㋐（○）ば　㋑（　）かば
④ （かぞ）数　㋐（○）える　㋑（　）る
⑤ （はず）外　㋐（○）れる　㋑（　）ずれる

4 ──を 引いた ことばを、かん字と おくりがなで 書きなさい。【1つ2点・8点】

買いものに 行くと、りんごの ㋐おおうりだしを して いました。わたしは その お店の りんごが とても おいしい ことを ㋑しって いたので、四つ 買う ことに しました。いっしょに いた ㋒したしい 友だちも、㋓おなじように 買いました。

㋐（大売り出し）
㋑（知って）
㋒（親しい）
㋓（同じ）

ことばの いみと はたらき

文中から名詞の抜き出しや反対語の書き出しをしたり類義語を集めて仲間外れの言葉をさがし出したりすることなどができる力を身につける。また日常会話においても言葉を文脈に即した語意を選びとり、正確に使いこなすことができる力を養う。

標準レベル

時間 10分　得点 /100

★「広い」「新しい」の おくりがなに 気を つけましょう。

1 はんたいの いみの ことばを 下から えらんで、（　）に 書きなさい。【1つ4点・24点】

① 高い……（ひくい）
② 広い……（せまい）
③ 多い……（少ない）
④ 長い……（みじかい）
⑤ 明るい……（くらい）
⑥ 新しい……（古い）

くらい　少ない　ひくい　古い　せまい　みじかい

2 つぎの いみの じゅく語を □から えらんで 書きなさい。【1つ4点・32点】

① くさが はえて いる ひろい のはら。……草原
② くらしを たてること。……生活
③ はげしく ふく かぜ。……強風
④ ある ちほう だけで つかう ことば。……方言
⑤ ほんを よむこと。……読書
⑥ ある ところへ はやく いける みち。……近道
⑦ おもいやりの こころが あつい こと。……親切
⑧ よその くにから かえってくること。……帰国

帰国　近道　生活　草原　親切　方言　読書　強風

★一字一字の かん字の いみを 考えましょう。

3 ㋐と ㋑の いみが はんたいに なるように、（　）の 中に かん字を つかって 書きなさい。【1つ4点・24点】

① ㋐ 小さな 声で わらう。　㋑（大きな）声で わらう。
② ㋐ 細い ひもを あつめる。　㋑（太い）ひもを あつめる。
③ ㋐ おきるのが おそい。　㋑ おきるのが（早い）。
④ ㋐ 家から 学校までは 近いです。　㋑ 家から 学校までは（遠い）です。
⑤ ㋐ あの 生きものは 強いです。　㋑ あの 生きものは（弱い）です。
⑥ ㋐ 水そうの 内がわを あらった。　㋑ 水そうの（外がわ）を あらった。

4 れいに ならって ㋐の 文を 書きかえなさい。【1つ4点・20点】

れい　㋐ 家を たてる。　㋑ 家が たてられる。

① ㋐ たねを まく。　㋑ たねが（まかれる）。
② ㋐ 紙を 切る。　㋑ 紙が（切られる）。
③ ㋐ 馬を 木に つなぐ。　㋑ 馬が 木に（つながれる）。
④ ㋐ 人形を 作る。　㋑ 人形が（作られる）。
⑤ ㋐ 草花を うえる。　㋑ 草花が（うえられる）。

ハイレベル

時間 15分　得点 /100

1 □に あてはまる ことばを 下から えらんで、㋐～㋗の きごうで 答えなさい。【1つ4点・32点】

① 目を……㋕
② はなを……㋒
③ かたを……㋗
④ 耳を……㋖
⑤ 手を……㋔
⑥ はを……㋑
⑦ はらを……㋓
⑧ 口を……㋐

㋐ すべらせる　㋑ くいしばる　㋒ あかす　㋓ きめる　㋔ つくす　㋕ 丸くする　㋖ すます　㋗ ならべる

2 つぎの ことばの 中には、なかま外れの ものが あります。（　）に 書き出しなさい。【1つ4点・20点】

① けれども・ところで・はい・しかし・だから・それで（はい）
② おおきく・すくなく・ながく・とおく・あるく・ひくく（あるく）
③ さくら・かわ・すな・みずうみ・とり・あかるい・もり（あかるい）
④ すべる・おどる・ひる・もどる・とる・うける・わる（ひる）
⑤ それ・あの・これ・あし・あれ・その・この（あし）

★「つなぎことば」の なかまです。

★「こそあどことば」の なかまです。

★ことばの いみを 考える ときは、その ことばを つかって みじかい 文を 作って みます。

3 つぎの ことばの いみを、一つずつ えらびなさい。【1つ6点・18点】

① とじこもる
㋐（○）中に 入ったきりで、外に 出ない こと。
㋑（　）本などを とじて まとめる こと。
㋒（　）戸を しめて 外へ 出られない ように する こと。

② おおらか
㋐（　）とても 大きい こと。
㋑（　）気が 強い 人の こと。
㋒（○）ゆったりと して いる ようす。

③ いきどまり
㋐（　）行くだけで 帰らない こと。
㋑（○）道が ふさがって いて、先に 行けない こと。
㋒（　）いきが とまる こと。

4 つぎの ことばの いみを 下から えらびなさい。【1つ3点・30点】

(1)
① ふでが たつ。……㋑
② 月日が たつ。……㋒
③ うわさが たつ。……㋔
④ はらが たつ。……㋐
⑤ 朝早く たつ。……㋓

㋐ 気が 高ぶる。　㋑ 文が うまい。　㋒ 時間が すぎる。　㋓ 出ぱつする。　㋔ 広まる。

(2)
① ほらを ふく。……㋔
② あせを ふく。……㋑
③ 風が ふく。……㋐
④ ふえを ふく。……㋒
⑤ あつい お茶を ふく。……㋓

㋐ 風が おこる。　㋑ とりのぞく。　㋒ いきで 鳴らす。　㋓ いきを 出す。　㋔ 大きな ことを いう。

★むかしから、ある ことばの かわりに つかって、とくべつな 言いならわしに なっている ことばを「かん用く」と いいます。

最高レベル

時間 20分　得点 /100

1 つぎの ことばの いみを ㋐〜㋒の 中から えらんで、○を つけなさい。【1つ5点・15点】

① うでを みがく
㋐( ) むだづかいを する。

㋑( ) きれいに あらう。

㋒(○) れんしゅうして 力を のばす。

② はなが きく
㋐( ) 何の においか 人に 聞く。

㋑(○) においを よく かぎわける。

㋒( ) どんな においか 人に たずねる。

③ 目も くれない
㋐( ) 目が 赤い。

㋑( ) じっと 見つめる。

㋒(○) まったく 見むきも しない。

2 つぎの ことばの いみを □から えらんで ( )に 記ごうで 書きなさい。【1つ5点・25点】

① かしげる……(㋑)
② あらためる…(㋓)
③ くいしばる…(㋐)
④ そびえる……(㋔)
⑤ くだく………(㋒)

㋐ はを かたく かみ合わせる。
㋑ ななめに かたむける。
㋒ こなごなに うちこわす。
㋓ べつの 新しい ものに する。
㋔ 高く たつ。

★「かん用く」は、人間の 体の ぶ分を つかった ものが 多く あります。

3 つぎの ことばの いみを □から えらんで ( )に 記ごうで 書きなさい。【1つ4点・40点】

① 目を くばる。(㋕)　② 目を かける。(㋖)
③ はなに つく。(㋔)　④ はなが 高い。(㋒)
⑤ 口が おもい。(㋑)　⑥ 口を 出す。(㋐)
⑦ 耳が 早い。(㋓)　⑧ 耳に はさむ。(㋙)
⑨ 首を かしげる。(㋗)
⑩ 首を たてに ふる。(㋘)

㋐ 人の 話に わりこむ。　㋑ 口数が 少ない。
㋒ じまんできる。　㋓ 人より 早く 聞きつける。
㋔ あきて いやに なる。　㋕ よく 気を つけて 見る。
㋖ めんどうを みる。　㋗ ふしぎに 思う。
㋘ さんせいする。　㋙ ちらりと 聞く。

★「なかたがい」は、「なかが わるくなる こと」で、「けんかする」ことです。

4 つぎの 文しょうを 読んで、後の もんだいに 答えなさい。

友だちと けんかを した みどりは、家へ 帰ると ㋐さっそく お母さんに その ことを 話しました。お母さんは、

「おや、また ㋑なかたがいを したの。」

と、びっくりしたように 言いました。

(1) ——線㋐の「さっそく」の いみを つぎの 中から えらびなさい。【10点】
㋐( ) しかたなく
㋑(○) すぐに
㋒( ) ゆっくり

(2) ——線㋑の「なかたがい」と よく にた いみの ことばを 文中から さがして 書き出しなさい。【10点】
(けんか)

リビューテスト②

時間 10分　得点 /100

1 つぎの ことばは、どんな 二つの ことばで できて いますか。( )に 書きなさい。【1つ3点・36点】

① みずがめ……(みず)(かめ)
② のみぐすり…(のむ)(くすり)
③ おしばな……(おす)(はな)
④ たのみごと…(たのむ)(こと)
⑤ あまざけ……(あまい)(さけ)
⑥ かざぐるま…(かぜ)(くるま)

2 つぎの 文を おくりがなに ちゅういしながら、かん字を つかって 書き直しなさい。【1つ8点・32点】

① おかあさんに くちごたえを しては いけません。
(お母さんに 口答えを しては いけません。)

② くみたてかたを おしえました。
(組み立て方を 教えました。)

③ はんぶんずつ たべましょう。
(半分ずつ 食べましょう。)

④ なぜ つきの ひかりは あんなに あかるいのだろうと かんがえた。
(なぜ 月の 光は あんなに 明るいのだろうと 考えた。)

3 つぎの 文しょうを 読んで、後の もんだいに 答えなさい。

ぼくは、ロバに なった 王子さまと (1)ともに たびを つ㋐けました。お㋑さまの いる おしろに たどりつくには、あと 四つの 山を こえなければ ★。とくに 四つめの 山は「あくまの すむ 山」と よばれ、くらく けわしい ことで ゆう名でした。
ロバの 王子さまは ぼくの そでを くわえて 引ぱりながら 言いました。
「早く 父上に 会せて ください。」
ぼくは ロバの せなかを さすって、
「だいじょ㋒ぶですよ。ぼくが かならず おつれしますから。」
と 言いました。

(1) 「ともに」と 同じ いみを もつ ことばを、つぎの 中から えらびなさい。【5点】
㋐( ) 友だちに　㋑(○) いっしょに
㋒( ) みんなに

(2) ㋐〜㋒に 入る ひらがなを 書きなさい。【1つ4点・12点】
㋐(づ)　㋑(う)　㋒(う)

(3) ★に 入る ことばは、つぎの どちらですか。○を つけなさい。【5点】
㋐( ) なります　㋑(○) なりません

(4) おくりがなを まちがえて いる ことばが 二つ あります。ぬき出して 書き直しなさい。【1つ5点・10点】
(引ぱりながら)→(引っぱりながら)

(会せて)→(会わせて)

つなぎことば

標準レベル

時間 10分　得点 /100

文と文をつなぐ接続詞や、「ので」「でも」「が」などの接続助詞のはたらきを正しく理解して文中に取り入れ、意味の通じる文を作る力を養う。また文脈をしっかりととらえた上で、正確なつなぎ言葉が使える力をつける。

1 （　）に　あてはまる　ことばを□から　えらんで、記ごうで　書きなさい。【1つ4点・20点】

① どんなに　つらく（エ）、がんばります。
② 少し　こわかった（オ）、がまんした。
③ さむい（ア）、セーターを　きました。
④ 外を　見る（ウ）、雨が　ふっていた。
⑤ 春に　なれ（イ）、さくらの　花が　さく。

ア　ので　イ　ば　ウ　と　エ　ても　オ　けれど

2 （　）に　あてはまる　ことばを□から　一つ　えらんで、記ごうで　書きなさい。【1つ6点・24点】

① 何回も　れんしゅうを　した（イ）、しっぱいして　しまいました。

ア　から　イ　のに　ウ　また

② いそいで　かたづけました。（ア）、テレビを　見ました。

ア　そして　イ　しかし　ウ　おまけに

③ ひろしくんは　べん強も　できる（ウ）、うんどうも　とくいです。

ア　ので　イ　から　ウ　し

④ きょう　手紙を　出す（ウ）、あさってには　とどくでしょう。

ア　し　イ　のに　ウ　と

3 （　）に　あてはまる　つなぎことばを　書きなさい。【1つ8点・32点】

① 雨が　ふり出しました。（だから）（それで）、うんどう会は　中止に　なりました。
② ほとんどの　人は　手を　上げました。（けれども）（でもしかし）、わたしは　上げませんでした。
③ アイスクリームを　食べおわってから、ハンカチで　手を　ふきました。（そして）（それから）、それを　ポケットに　入れました。
④ 本やへ　行きました。（しかし）（でもけれども）、一さつも　本を　買わずに　帰ってきました。

4 れいに　ならって　二つの　文を　一つの　文に　しなさい。【1つ8点・24点】

れい　たねを　まきました。そして、水を　やりました。
↓（たねを　まいて、水を　やりました。）

① 水を　やりました。すると、めが　出て　きました。
↓（水を　やると、めが　出て　きました。）
② 太ようが　出て　きました。だから、ぼうしを　かぶりました。
↓（太ようが　出て　きたので（から）、ぼうしを　かぶりました。）
③ かぜを　ひきました。でも、学校へ　行きました。
↓（かぜを　ひいたが（ひいたけれども）、学校へ　行きました。）

ハイレベル

時間 15分　得点 /100

★これらの「つなぎことば」の　後には、かならず　、(読点)を　つけます。

1 （　）に　あてはまる　つなぎことばを　入れなさい。【1つ4点・20点】

① 妹は　やくそくを　やぶりません。（だから）、わたしは　あん心して　います。
② 手紙を　出しました。（しかし）（でも・けれども）、まだ　へんじが　きません。
③ わたしは　おくびょうです。（それに）（そのうえ・また）、とても　なきむしだと　言われます。
④ 山へ　行きますか。（それとも）（または）、海へ　行きますか。
⑤ わたしは　その　紙を　水に　つけました。（すると）、すぐ　色が　かわりました。

2 れいに　ならって　つぎの　文を　二つの　文に　しなさい。【1つ10点・30点】

れい　楽しい　気分だったので、歌を　歌いました。
↓（楽しい　気分でした。だから、歌を　歌いました。）

① おくれて　行ったけれど、しかられませんでした。
↓（おくれて　行きました。けれども（しかし）、しかられませんでした。）
② 画用紙を　広げて、鳥の　絵を　かきました。
↓（画用紙を　広げました。そして、鳥の　絵を　かきました。）
③ まどを　あけると、風が　入って　きました。
↓（まどを　あけました。すると、風が　入って　きました。）

★「だから」は、前の　ことが　原いんで　後の　ことに　なると　いう　文に　つかいます。

3 つぎの　うち、「だから」で　つながる　文に　○を、つながらない　文に　×を　つけなさい。【1つ4点・20点】

① （×）ねつが　出ました。学校へ　行きました。
② （○）しゅくだいを　わすれました。先生に　しかられました。
③ （×）休み時間が　おわりました。みんなで　あそびました。
④ （○）お金が　足りませんでした。本を　買えませんでした。
⑤ （×）きょうは　友だちの　おたん生日です。あしたは　わたしの　おたん生日です。

4 □の　中に　ことばを　入れて、文が　つづくように　しなさい。【1つ6点・30点】

① 力いっぱい　おしてみる［と］、ほんの　少しだけ　うごきました。
② 人数だけを　そろえ［ても］、道ぐが　なければ　野きゅうは　できません。
③ 夕方に　なりました［が］、家へ　帰りませんでした。
④ あなたの　いく　ところは　すばらしい　ところだ［けれど］、ここからは　まだ　ずいぶんと　歩かなければ　いけません。
⑤ 手の　ほねを　おって　いる［ので］（から）、体いくの　時間は　見学を　します。

★「しかし・けれども」は　前の　ことと　後の　ことが　はんたいの　いみに　なる　文に　つかいます。

最高レベル

時間　20分　得点　/100

1 つぎの　文しょうを　読んで、後の　もんだいに　答えなさい。

カールは、ゆっくりと㋐森の　中を　すすみました。すると、しかが　あらわれました。カールは　㋑しかの　頭を　なでて　やろうと　おもいました［が］、どこからか《足音が　聞こえて　きたので、やめました。》こちらへ　近づいて　くるのは、しかの　かいぬしでしょうか。（　㋒　）、村に　すむ　かりゅうどで　しょうか。カールは　うでぐみを　して　考えました。

(1) ㋐の　ぶ分を　一つの　文に、書き直しなさい。【15点】

（森の　中を　すすむと、しかが　あらわれました。）

(2) ㋑の　文を　二つに　分けて　書くと、つなぎことばの［が］は　つぎのうち　どれに　かえる　ことが　できますか。二つ　えらんで（　）で　かこみなさい。【1つ5点・10点】

（けれども）　そして　それとも　だから　それに　（しかし）

(3) 《　》の　中の　ぶ分を　二つに　分けて　書き直しなさい。【15点】

（足音が　聞こえて　きました。だから、やめました。）

(4) ㋒に　入る　ことばを　書きなさい。【10点】

（それとも（あるいは））

2 つぎの　文しょうを　読んで、後の　もんだいに　答えなさい。

まさ子は　二学きの　せいせきひょうを　見て、がっかりしました。［　㋐　］、まさ子が　思って　いたよりも、少し　せいせきが　わるかったからです。

とくに　がっかりしたのは　算数の　せいせきでした。算数は　まさ子が　いちばん　力を　入れて　べん強を　した　科目だったのです。［　㋑　］、一学きと　まるで　かわって　いないのですから。

体いくと　国語、［　㋒　］音楽は　一学きよりも　よく　なって　いました［㋓］、あまり　うれしくは　ありませんでした。

㋔まさ子は　せいせきひょうを　かばんに　しまって、三学きは　もっと　がんばろうと　思いました。

(1) ㋐に　入る　つなぎことばを　えらんで、○を　つけなさい。【10点】

（　）それから　（　）ところで　（○）なぜなら　（　）けれども

(2) ㋑に　入る　つなぎことばを　えらんで、○を　つけなさい。【10点】

（　）すると　（○）ところが　（　）だから　（　）そのうえ

(3) ㋒に　入る　つなぎことばを　考えて　書きなさい。【10点】

（そして（それに））

(4) ㋓に　入る　ことばを　考えて、一字で　書きなさい。【10点】

（が）

(5) ㋔の　文を　つなぎことばを　つかって　二つに　分けなさい。【10点】

（まさ子は　せいせきひょうを　かばんに　しまいました。そして、三学きは　もっと　がんばろうと　思いました。）

ふごうの　つかい方

句点（。）、かぎ（「　」）が正確に、読点（、）ができるだけ正しく打てる力を養う。また長い文の中に符号を正しくつけて、読みやすい文を作ることができる力を身につける。

標準レベル

時間　10分　得点　／100

1 つぎの　文に　［「　」］を　つけなさい。【1つ6点・18点】

① わたしが　かってな　ことばかり　して　いると、「なぜ　言う　ことを　聞かないの。」と　お母さんが　言いました。

② ぼくは　となりの　おじさんに、「ごめんなさい。」と　言って　頭を　下げました。

③ わたしは　やかんを　はこぼうと　しました。その　とき　おばあさんが、「あついから　あぶないわよ。」と　言いました。

2 つぎの　文に　［、］を　一つ　つけなさい。【1つ4点・28点】

① さあ、きょうも　一日　がんばるぞ。

② つくえの　上の　かばんは、ぼくのです。

③ ぼう遠きょうを　のぞきながら、ぼくは　ひとり言を　言いました。

④ 気を　つけて　いたのに、セーターを　よごして　しまった。

⑤ わたしの　かばんの　中には、教科書しか　入って　いません。

⑥ それを　するのが　いやだったら、これを　しなさい。

⑦ お母さんは　わたしの　へやに　きて、「早くねなさい。」と　言いました。

★会話文「　」の　前には、かならず　、（読点）を　つけます。

3 つぎの　文に　［。］を　二つずつ　つけなさい。【1つ6点・24点】

① 先週の　土曜日の　ことでした。ぼくは　学校から　帰ると、自てん車に　のって　みつおくんの　家へ　行きました。

② 「そう、それです。」と　おばあちゃんは　ゆびを　さして　言いました。

③ それは、そんなに　大切な　ものなのでしょうか。わたしには、まるで　分かりません。

④ 水を　たっぷりと　まきました。それから、道ぐを　はこの　中に　しまいました。

★どこが　会話文なのかを　よく　読んで　見つけましょう。

4 つぎの　文に　［「　」］と　［、］を　一つずつ　つけなさい。【1つ6点・30点】

① 「こんにちは。」と　言って、モグラが　顔を　出しました。

② 弟が　空を　見上げて、「ひこうき雲だ。」と　さけびました。

③ わたしは　同じ　組の　友だちに、「さようなら。」と　あいさつを　しました。

④ まもるくんが　学校の　帰り道で、「公園へ　行こうよ。」と　言いました。

⑤ お母さんは　やかんの　ふたを　あけて、「こんな　ところに　金魚を　入れたのは　だれ。」と　言いました。

ハイレベル

時間　15分　得点　／100

1 つぎの　文に　［「　」］を　三つ　つけなさい。【1つ8点・24点】

ぞうは　池に　おちた　さるの　そばへ　行くと、長い　はなを　さし出して　言いました。

「早く、これに　つかまりなさい。」

さるは、むちゅうで　ぞうの　はなに　つかまりました。

「えいっ。」

かけ声を　かけて　ぞうが　引き上げると、さるの　体は　池から　とび出して、すなの　上に　ころがりました。

「ありがとう、ありがとう。」

さるは　なんども　おれいを　言いました。

2 つぎの　文に　［、］と　［。］を　二つずつ　つけなさい。【1つ8点・32点】

① 一人で　本を　読んで　いると、おなかが　すいて　きました。それで、食べものを　さがしに　台どころへ　行きました。

② あそびに　行こうと　したら、「雨が　ふりそうなので、かさを　もって　行きなさい。」と　お母さんが　言った。

③ 歩きつかれた　ププは、ポッポに　むかって　言いました。「あの　りんごの　木の　下で、少し　休みませんか。」

④ 「ねえ、そろそろ　帰ろうよ。」小さな　声で、弟が　言いました。

★どこに　読点（、）を　つけると、いみが　かわるかを　よく　考えましょう。

3 つぎの　いみに　なるように　［、］を　一つ　つけなさい。【1つ6点・30点】

① 【妹が　わらって　いる。】
わたしは、わらいながら　本を　読む　妹の　方を　見ました。

② 【おじいさんが　こまった　ようすを　して　いる。】
おじいさんは　こまった　ようすで、台どころに　いる　おばあさんに　話しかけました。

③ 【弟が　絵本を　読んで　いる。】
お母さんは、絵本を　読みながら　ごはんを　食べる　弟に　ちゅういを　しました。

④ 【友だちが　あわてて　いる。】
わたしは、あわてて　帰る　友だちを　おいかけました。

⑤ 【ぼくが　青い　顔を　して　いる。】
ぼくは　青い　顔を　して、たおれた　人を　見て　いました。

4 つぎの　文に　［、］と　［。］や　［「　」］を　つけて、書き直しなさい。（［、］は　一つだけ　つけなさい。）【1つ7点・14点】

① キツネが　あなたの　言った　通りに　なりましたね　と　言いました

キツネが、「あなたの　言った　通りに　なりましたね。」と　言いました。

② これから　どうしよう　と　言って　ぼくたちは　考えこんで　しまいました

「これから　どうしよう。」と　言って、ぼくたちは　考えこんで　しまいました。

★「　」の　前には　かならず　、（読点）を　つけます。

最高レベル

時間 20分 得点 /100

1 つぎの 文しょうに 「、」を 四つ、「。」を 三つ 書き入れなさい。【1つ5点・35点】

わたしの たからものは、ゆみ子さんから もらった 一まいの 絵です。ゆみ子さんが 色えんぴつを つかって、わたしの 顔を かいて くれました。先週、ゆみ子さんは てん校 して しまいましたが、今でも わたしの 大切な 友だちです。

2 つぎの いみに なるように、「、」を 一つ うちなさい。【1つ5点・20点】

(1) 兄は なきながら 走って いる 妹を よんだ。

① 兄が ないて いる
（兄は なきながら、走って いる 妹を よんだ。）

② 妹が ないて いる
（兄は、なきながら 走って いる 妹を よんだ。）

(2) ぼくは 大声を 出して にげて いく 子を おいかけた。

③ にげて いく 子が 大声を 出している
（ぼくは、大声を 出して にげて いく 子を おいかけた。）

④ ぼくが 大声を 出している
（ぼくは 大声を 出して、にげて いく 子を おいかけた。）

★文の いみの 切れ目を よく 考えて、読点を うちましょう。

3 つぎの 文しょうを 読んで、後の もんだいに 答えなさい。

三人を のせた 船は、なみに ゆられながら、すすんで いきました。
「早く 南の しまに つかないかなあ。」
と、ベンが 言いました。
「きっと、もうすぐ たどりつくよ。」
三人の 中で いちばん 体の 大きな ポールが、ベンを はげましました。
ジョンは、船の うしろで、ねそべったまま 青い 空を ながめて いました。
空には 一羽の カモメが とんで います。
カモメは 白い はねを かたむけて、ねそべって いる ジョンの そばへ おりて きました。そして、
「きみたち、どこへ 行くの。」
と たずねました。

(1) 〰〰を 引いた 文に 「、」を 二つ つけなさい。【1つ5点・10点】

(2) 「 」の つく 文が、三つ あります。ぜんぶ 書き出しなさい。【1つ5点・15点】

（早く 南の しまに つかないかなあ。）
（きっと、もうすぐ たどりつくよ。）
（きみたち、どこへ 行くの。）

(3) ──を 引いた 文が、（カモメが 白い はねを かたむけた）と いう いみに なるように 「、」を 一つ つけなさい。【10点】

(4) 「、」の つけ方を まちがって いる 文が、一つ あります。それは、何行目に ありますか。【10点】

（⑥六）行目

★「けっして〜(し)ない。」・「あまり〜(し)ない。」・「まるで〜よう(です。)」は、きまった　言い方です。

ことばの　つかい方

文脈の中での言葉のはたらきとその意味を正確に理解し、助詞など正しく使える力を養う。またそれぞれの言葉の役割を踏まえた上で、総合的に正しく使いこなせる力をつける。

標準レベル

時間　10分　得点　/100

1 どちらか　正しい　ほうに、○を　つけなさい。【1つ4点・20点】

① けっして　㋐(　)わたします。　㋑(○)わたしません。

② とても　㋐(○)よろこびました。　㋑(　)つくりました。

③ なかなか　㋐(　)とべます。　㋑(○)とべません。

④ あまり　㋐(　)食べますね。　㋑(○)食べませんね。

⑤ まるで　㋐(○)花のようです。　㋑(　)花が　ありました。

2 (　)に　入る　ことばを　□から　えらんで　書きなさい。【1つ2点・26点】

① あさがお(の)花(が)さいた(ので)、妹(を)よびに　いきました。

ので　を　が　の

② 妹(は)花(を)見て、「きれいだね、おにいちゃん。」(と)、うれしそう(に)言いました。

と　に　は　を

③ お母さん(も)にわ(へ)出てきました。(そして)、ぼくたち(と(も))いっしょに　花(を)見ました。

そして　と　も　へ　を

3 (　)に　入る　ことばを　□から　えらんで、記ごうで　答えなさい。【1つ2点・22点】

① (㋕)は、うれしそうに　(㋐)を　ふりながら、(㋒)と　ほえました。(㋔)は、(㋗)の　中で　まるく　なりました。

㋐しっぽ　㋑頭　㋒ワンワン　㋓風船　㋔子ねこ　㋕子犬　㋖ニャン　㋗家

② きょうは、(㋕)から　(㋖)が　ふっていたので、(㋔)を　さして　(㋓)へ　行きました。(㋗)に　大きな　(㋒)が　できて　いました。(㋐)

㋐夕方　㋑雲　㋒水たまり　㋓学校　㋔かさ　㋕朝　㋖雨　㋗うんどう場

4 つぎの　ことばは、どんな　ようすや　音を　あらわして　いますか。□から　えらんで、記ごうで　答えなさい。【1つ4点・32点】

①コンコン(㋒)　②ゆらゆら(㋓)
③めらめら(㋑)　④こそこそ(㋗)
⑤メリメリ(㋖)　⑥ぼろぼろ(㋐)
⑦ポトポト(㋔)　⑧そわそわ(㋕)

㋐つぶが　こぼれる　ようす
㋑火が　もえて　いる　ようす
㋒とびらを　たたく　音
㋓ものが　ゆれる　ようす
㋔水が　おちる　音
㋕おちつかない　ようす
㋖ものが　おれたり、つぶれたり　する　音
㋗人に　知られずに　うごく　ようす

ハイレベル

時間　15分　得点　/100

1 人に　たずねる　言い方の　文には　○、人に　言いつける　言い方の　文には　△、どちらでも　ない　文には　×を　つけなさい。【1つ2点・20点】

① (×)花が　さきました。
② (△)こちらへ　来なさい。
③ (○)今、何時ですか。
④ (×)わたしには　分かりません。
⑤ (△)時計を　見せなさい。
⑥ (×)ぼくは　それを　もって　いる。
⑦ (○)あの人を　知って　いますか。
⑧ (○)あれは　だれの　おばさんかな。
⑨ (△)きちんと　あいさつを　しろ。
⑩ (○)いっしょに　おどりますか。

2 ——を　引いた　ことばの　つかい方が　正しい　文に　○を　つけなさい。【1つ4点・16点】

① (○)かわいそうに、さぞ　つらかっただろうね。
② (　)ふくを　きがえると、いっそう　出かけました。
③ (○)空が　くらくなると、たちまち　大つぶの　雨が　ふってきた。
④ (　)きょうは　たっぷりと　おきました。
⑤ (　)うっかり　やくそくを　まもりました。
⑥ (○)やねの　上にも　ずっしりと　雪が　つもりました。
⑦ (　)こっそりと　大声で　話しました。
⑧ (○)人に　かりた　ものは　なるべく　早く　かえそう。

★「さぞ〜だろう。」は、きまった　言い方です。

3 (　)に　入る　ことばを　□から　えらんで　書きなさい。【1つ4点・44点】

① どうして　こんな　こと(に)なった(のか)、ぼく(には)(さっぱり)分かりません。

には・から・さっぱり・に・が・のか

② かめ(は)ひっくりかえった(まま)、手足(を)ばたばた　させました。

まま・は・の・を

③ 木(の)えだ(に)きれいな　鳥(が)とまって　いた(ので)、そっと、近づいて　みました。

に・が・の・ので・は・を

4 (　)に　入る　ことばを　□から　えらんで、記ごうで　書きなさい。【1つ4点・20点】

① たぶん　分かると(㋔)
② そんな　ことは　しま(㋕)
③ それは　本当です(㋗)
④ とても　その　時間には　間に合いそうに(㋘)
⑤ きのうは　たくさんの　本を　読み(㋐)

㋐ました。　㋑ます。
㋒ある。　㋓だ。
㋔思います。　㋕せん。
㋖です。　㋗か。
㋘ありません。　㋙た。

★「きのう」と　あるので、すぎた　言い方の「ました」を　つかいます。

最高レベル

時間 20分　得点 /100

1 （　）に あてはまる ことばを 入れて、文の いみが わかるように しなさい。【1つ3点・39点】

① ぼく（は）弟（を）つれて、おじさん（の）家（へ）(に) あそびに いきました。

② 「この人（を）知りません（か）。」（と）あの 人（に）たずねて みました。

③ ハンカチ（は）(が・も)、この ポケット（の）中に 入って います。

④ 友だち（と）いっしょ（に）、べん強（を）しました。

2 ――線の ことばを 正しく つかって いる 文に ○を つけなさい。【1つ7点・21点】

①
㋐（　）日曜日に ひろびろと 休む。
㋑（　）ひろびろと した ぼうしを かぶる。
㋒（○）ひろびろと した にわで あそぶ。

②
㋐（　）その 道を ますます 行きなさい。
㋑（○）ミルクを のむと、ますます 元気に なりました。
㋒（　）ますます 川を およいだ。

③
㋐（　）その 本を 思わず かたづけなさい。
㋑（　）弟は 思わず べん強を しません。
㋒（○）それを 聞いて、思わず ふき出して しまいました。

★おねがいの 文は、「～してください。」です。同じ いみの 文を さがします。

3 つぎの 文しょうを 読んで、後の もんだいに 答えなさい。

まさしくん、おかえりなさい。ソフトボール大会は どうでしたか。いい お天気で よかったね。上手に ボールを うてましたか。すべったり ころんだり して、ユニフォームも どろんこに なって しまったでしょうね。くつ下と いっしょに、せんたくきに 入れて おいて ください。お母さんは 四時までに 帰ります。おやつを 食べながら まって いてね。

(1) たずねて いる 言い方の 文を 二つ 書き出しなさい。【1つ10点・20点】

（ソフトボール大会は どうでしたか。）

（上手に ボールを うてましたか。）

(2) おねがい して いる 言い方の 文を 二つ 書き出しなさい。【1つ10点・20点】

（くつ下と いっしょに、せんたくきに 入れて おいて ください。）

（おやつを 食べながら まって いてね。）

リビューテスト 3

時間 10分　得点 /100

1 □の 文を、書きかえました。□に 入る ことばを 考えて 書きなさい。【1つ6点・30点】

① ぼくは 道ばたで 子犬を ひろいました。
→ 子犬［は］(が)、道ばたで ぼく［に］ ひろわれました。

② 子どもたちは 赤おにに おむすびを 食べさせて あげました。すると、赤おには 元気に なりました。
→ 赤おに［は］(が) 子どもたち［から］ もらった おむすびを 食べる［と］、元気に なりました。

2 ――を 引いた ことばと よく にた いみを もつ ことばを えらんで、○を つけなさい。【1つ8点・24点】

① 毎日の べん強を おろそかに しては いけません。
㋐（○）いいかげんに　㋑（　）ていねいに　㋒（　）大切に

② どんな ことも めんどうがらずに がんばって やりなさい。
㋐（　）しんけん　㋑（　）ふざけず　㋒（○）やっかいがらず

③ 学校への さか道は なだらかだ。
㋐（　）なごやかだ　㋑（　）けわしい　㋒（○）ゆるやかだ

★「おろそか」「いいかげん」は「なおざり」とも いいます。

3 つぎの 文しょうを 読んで、後の もんだいに 答えなさい。

ぼくが あんないを して あげるよ。と 言って、カモメは 船の 前を とびました。南の しまなら、よく 知って いるんだ。ジョンは 親切な カモメに おれいを 言って、ベンや ポールの ほうを ふりむきました。二人とも ［㋐］ ようすです。さあ、船を すすめよう。ポールが 元気な 声で、と 言いました。三人は カモメを 見うしなわないように ちゅういを しながら、船を ［㋑］。

(1) 「　」の つく 文が、三つ あります。ぜんぶ書き出しなさい。【1つ8点・24点】

（ぼくが あんないを して あげるよ。）

（南の しまなら、よく 知って いるんだ。）

（さあ、船を すすめよう。）

(2) ――線の 文を つなぎことばを つかって 二つの 文に 分けなさい。【10点】

（ジョンは 親切な カモメに おれいを 言いました。
そして、ベンや ポールの ほうを ふりむきました。）

(3) ㋐と ㋑に 入る ことばを 一つ えらんで、○を つけなさい。【1つ6点・12点】

㋐（　）がっかりと した　（　）うっかりと した　（○）ほっと した

㋑（　）つくりはじめました　（○）こぎはじめました　（　）かたづけはじめました

こそあどことば（しじ語）

物や人や場所などを指し示す「こそあどことば（指示語）」を、文脈の中で正しくとらえる。また、自分で使える力も身につける。

標準レベル

時間 10分　得点 /100

1 （ ）に あてはまる ことばを、□から えらんで 書きなさい。【1つ5点・20点】

① ぼくが 今 もって いる（この）本は、とても おもしろいよ。

② あなたの 目の 前に ある（その）本を カバンに 入れなさい。

③ はたけの むこうに 見える（あの）山は、何と いう 山ですか。

④ たくさんの ケーキの 中で、（どの）ケーキを 買うのですか。

どれ　あの　それ　この
その　これ　あれ　どの

2 「こそあどことば」は、さししめす ことばが どこを さすかに よって つかい分けます。つぎの 場合に つかう ことばを 書きなさい。【1つ3点・36点】

① 自分の 近くの 場合　（この）（これ）（こちら）

② あい手の 近くの 場合　（その）（それ）（そちら）

③ 自分からも あい手からも 遠い 場合　（あの）（あれ）（あちら）

④ どれか はっきり しない 場合　（どの）（どれ）（どちら）

あちら　どれ　この　そちら　あれ　こちら
それ　あの　どの　これ　どちら　その

★こそあどことばの 前後を よく 読んで、何を さししめして いるのかを 読みとりましょう。

3 つぎの 文の 中から 「こそあどことば」を 見つけて、よこに ――線を 引きなさい。【1つ3点・24点】

① ここから あの 山の てっぺんまで きょう そうしよう。

② これと 同じ ものは、あの はこの 中にも あります。

③ また こちらに 来られた ときは、あちらの 方にも 行かれたら いかがですか。

④ こんなに たくさん あると、どれを 買ったら いいか まよって しまうよ。

4 （ ）に あてはまる 「こそあどことば」を □から えらんで 書きなさい。【1つ4点・20点】

① すきな 本を（どれ）でも あげよう。

② パン屋さんの むこうの（あの）家が わたしの 家です。

③ 今 きみが もって いる（その）本を 少しだけ 見せて くれませんか。

④ たからの 地図は（どこ）に あるの。

⑤ 村中の（どの）池より 目の 前の（この）池の ほうが 魚が よく つれるよ。

その　どの　あの
どれ　どこ　この

ハイレベル

時間 15分　得点 /100

1 つぎの ――線の 「こそあどことば」は 何を さして いますか。【1つ8点・24点】

① きのう、花屋さんで カーネーションの 花を 買いました。今日、それを お母さんに あげる つもりです。
（カーネーションの 花）

② この 前の 日曜日に お寺の うらの 公園で 友だちと あそびました。明日も そこで あそびます。
（お寺の うらの公園）

③ 赤れんがの 大きな たてものが 見えて きました。そのとき、「あそこには むかし 王さまが すんで いたんだ。」と、友だちが 言いました。
（赤れんがの大きな たてもの）

2 （ ）に あてはまる 「こそあどことば」を 入れなさい。【1つ7点・28点】

① きのう 食べた（あの）パンは おいしかったね。

② これからは（どんな）ことが あっても みんな なかよく がんばろう。

③ （こんな）に おいしい ケーキを 食べたのは 生まれて はじめてだ。

④ その 店の おばさんが、「ここに あるもの だったら（どれ）でも あげるよ。」と 言いました。

3 ――線の 「こそあどことば」は、㋐～㋒の どれを さして いますか。○を つけなさい。【1つ6点・48点】

① そこを うごいては いけません。
㋐（ ）ものを さして いる。
㋑（○）場しょを さして いる。
㋒（ ）ほうこうを さして いる。

② これは 弟の えんぴつです。
㋐（○）ものを さして いる。
㋑（ ）場しょを さして いる。
㋒（ ）ほうこうを さして いる。

③ あなたは どこへ 行くのですか。
㋐（ ）ものを さして いる。
㋑（○）場しょを さして いる。
㋒（ ）ほうこうを さして いる。

④ 早く こちらへ いらっしゃい。
㋐（ ）ものを さして いる。
㋑（ ）場しょを さして いる。
㋒（○）ほうこうを さして いる。

⑤ あそこの ぼうしを とって ください。
㋐（ ）ものを さして いる。
㋑（○）場しょを さして いる。
㋒（ ）ほうこうを さして いる。

⑥ そっちへ 行っては いけません。
㋐（ ）ものを さして いる。
㋑（ ）場しょを さして いる。
㋒（○）ほうこうを さして いる。

⑦ ここから 何時間 かかりますか。
㋐（ ）ものを さして いる。
㋑（○）場しょを さして いる。
㋒（ ）ほうこうを さして いる。

⑧ 妹は どっちへ 行きましたか。
㋐（ ）ものを さして いる。
㋑（ ）場しょを さして いる。
㋒（○）ほうこうを さして いる。

★「こそあどことば」は、「もの」・「場所」・「方向」・「ようす」を さししめします。

最高レベル

時間 20分　得点 /100

1 正しい「こそあどことば」を（　）でかこみなさい。【1つ8点・32点】

① 一人で 山へ 行くなんて｛こんな・（そんな）・どんな｝ことは ゆるしません。

② 二人の うち｛こっち・（どっち）・そっち｝が 行くのですか。

③ さあ、ここで ゆっくり 食べなさい。でも、おかしは｛（これ）・どれ・あれ｝で おしまいよ。

④ がんばって｛そこ・どこ・（ここ）｝まで 来てごらん。

2 つぎの ―線の ことばは、何を さして いますか。（　）に 書きなさい。【1つ8点・32点】

村はずれに、「かみさまの 木」と よばれる 大きな かきの 木が ありました。秋に なると、㋐これに とても あまい みが たくさん できました。毎年、秋まつりが おわった あと、村の 中から えらばれた 一人の わかものが、㋑それを ぜんぶ とるのが きまりでした。㋒そこに すんで いる 人たちは ㋓それを 食べるのを とても 楽しみに して いました。

㋐（（大きな）かきの木）　㋑（（あまい）み）

㋒（村）　㋓（（あまい）み）

66

3 つぎの 文しょうを 読んで、後の もんだいに 答えなさい。

★はじめに おじいちゃんへの おれいが 書かれて います。

おじいちゃん お元気ですか。

きのうは、大きな メロンを たくさん おくって くれて ありがとう。お母さんが 毎日 買いものに 行く 店では、まだ ㋐それを 見かけないそうです。めずらしいのと おいしい㋑（　）で、みんな 大さわぎでした。ぼくの 友だちの けんたくんと、花子の 友だちの ゆみ子ちゃんの ところに、二つずつ あげたら とても よろこんで くれました。ぼくは、おじいちゃんの ことを ㋒とても じまんに 思って います。その わけは、大きくて あまくて おまけに 形の いい メロンを、おばあちゃんと たった 二人で つくって いるからです。

はじめ

(1) このような 文しょうを 何と 言いますか。一つ えらんで ○を つけなさい。【6点】

（　）もの語　（　）日記文

（○）手紙文　（　）かんさつ文

(2) ―線㋐の それは 何を さして いますか。【10点】

（メロン）

(3) ―線㋑の （　）に あてはまる ことばを 書きなさい。【10点】

（のど）

(4) ―線㋒の わけと して まちがって いる ものを 一つ 見つけて ○を つけなさい。【10点】

（　）おじいちゃんの メロンが おいしいから。

（　）おじいちゃんの メロンの 形が いいから。

（　）おばあちゃんと 二人で メロンを つくって いるから。

（○）おじいちゃんの メロンを 店で よく 見かけるから。

67

ことばづかい（敬語）

「お」の正しい使い方や、尊敬語・ていねい語・謙譲語の違いを理解し、それぞれの場面にふさわしい敬語を用いることができる力を養う。また敬語を用いる必要があるかどうかを判断し、状況に応じた言葉使いができる力を身につける。

標準レベル

時間 10分　得点 /100

1 ていねいな 言い方の ほうに、○を つけなさい。【1つ4点・20点】

① ㋐（ ）そう 言った。
㋑（○）そう おっしゃった。

② ㋐（○）先生が お作りに なった。
㋑（ ）先生が 作った。

③ ㋐（ ）それも もらいます。
㋑（○）それも いただきます。

④ ㋐（○）どこかへ 行かれる。
㋑（ ）どこかへ 行く。

⑤ ㋐（○）それを くださった。
㋑（ ）それを くれた。

★「くださる」は、「くれる」の そんけい語です。

2 つぎの ことばの 中で、ていねいな 言い方の ものに ○を つけなさい。【1つ5点・30点】

①（ ）おりがみ　②（○）おりょうり
③（ ）おもて　④（ ）おもちゃ
⑤（○）おこめ　⑥（ ）おうじ
⑦（ ）およぎ　⑧（○）お母さん
⑨（○）おかね　⑩（ ）おいかける
⑪（ ）おんな　⑫（○）おなか
⑬（ ）おちば
⑭（ ）おりづる
⑮（○）お手つだい

3 ――線を 引いた ことばを、ていねいな 言い方に 直しなさい。【1つ4点・20点】

① ここから 先は、ぼくが あんないします。（ごあんない）

② それが 先生の 考えです。（お考え）

③ わたしからも れいを 言います。（おれい）

④ 先生は けんきゅう会に 行った。（行かれた（いらっしゃった））

⑤ おじさんが びょういんから もどって きた。（こられた）

★「お」と 「ご」の つけ方を 正しく おぼえましょう。

4 ――線を 引いた ことばの つかい方が 正しい ほうに、○を つけなさい。【1つ10点・30点】

① ㋐（ ）夕方に 父が 会社から 帰って こられました。
㋑（○）夕方に 父が 会社から 帰って きました。

② ㋐（ ）ぼくから 妹に お知らせします。
㋑（○）ぼくから 妹に 知らせます。

③ ㋐（○）先生は 一人一人に あいさつを されました。
㋑（ ）先生は 一人一人に あいさつを しました。

★自分や 自分の 身内（親など）に けい語は つかいません。

ハイレベル

時間 15分　得点 /100

1 つぎの ことばの うち、正しい 言い方の ものに ○を つけなさい。【1つ4点・32点】

①（○）おふろ　②（ ）ご時計
③（ ）おごはん　④（○）おかいもの
⑤（○）おでんわ　⑥（ ）お学校
⑦（○）おかし　⑧（○）およめさん
⑨（ ）ごつくえ　⑩（○）おへんじ
⑪（○）おそうじ　⑫（ ）おえんぴつ
⑬（○）ごびょう気

★「ごはん」は、ごの ついた ていねいな 言い方です。

2 ことばづかいの 正しい 文に ○を つけなさい。【1つ6点・18点】

①（○）おはしの つかい方が 上手ですね。
②（ ）弟が ふしぎそうに おっしゃった。
③（ ）わたしは よく ごぞんじです。
④（○）えんりょなく いただきます。
⑤（ ）どうぞ 上がりください。
⑥（○）先生から いただいた ごほうびです。
⑦（ ）ぼくは そろそろ お帰りになります。
⑧（ ）おきゃくさんが きた。

3 ――線を 引いた ことばを 文に ふさわしい 言い方に 書き直しなさい。【1つ5点・20点】

① きょうは ぼくの 友だちが たくさん 来られます。（来ます）

② やす子さんの お母さんは びょう気で ねて います。（ねて いらっしゃいます（ねて おられます））

③ わたしの お父さんは ゆっくりと お食じを されます。（食じを します）

④ 先生は とても 大きな 声で 本を 読みます。（読まれます（お読みに なります））

★「来る」→「来られる。」は、かるい そんけいの いみを あらわします。

4 ――線の ことばを ていねいな 言い方に 直しなさい。【1つ6点・30点】

① 「早く 来なさい。」（いらっしゃい（お来し ください））

② 「その ことは 知って いるね。」（知って いますね（ごぞんじ ですね））

③ 「ペンを かして くれ。」（かして ください）

④ 「先生は いますか。」（いらっしゃいますか（おられますか））

⑤ 「また 会おう。」（会いましょう（お会いしましょう））

最高レベル

時間 20分　得点 /100

1 ことばづかいの 正しい 文に、○を つけなさい。【1つ10点・20点】

①（　）ぼくたちは それに ついて たくさん 話されました。

②（　）妹が ごらんに なった とき、まだ 花は さいて いました。

③（○）お茶を 一ぱい ください。

④（　）母は おコーヒーを のむ。

⑤（○）そのうち おじゃまさせて いただきますね。

⑥（　）父が そちらへ 行かれます。

2 ――線を 引いた ことばを、文に ふさわしい 言い方に 書きなおしなさい。【1つ8点・40点】

わたしは 先生の そばまで ①行かれると、ノートを わたしました。
先生は ノートを ②うけとると、「あしたまで あずかりますね。」と ③言いました。
「もう ④お帰りに なっても いいですか。」
わたしは 先生に ⑤おたずねに なりました。

①（行くと）
②（うけとられると）
③（おっしゃいました）
④（帰っても）
⑤（たずねました）

★「おっしゃる」は、「言う」の そんけい語です。

3 つぎの ①～⑧の ことばを、ていねいな 言い方に 書き直しなさい。【1つ5点・40点】

王さまは 大きな ダイヤモンドが ついた かんむりを ①かぶって、人びとの 前に ②来ました。
そのとき、木こりの カルが 王さまの 前に ひざまずいて、こう 言いました。
「③元気そうだね、王さま。あなたが ④元気だと、村の 中が ⑤明るくなる。」
カルの ことばを ⑥聞いた 王さまは 心から うれしそうな ⑦顔を しました。そして、やさしい お声で、
「ありがとう。」
と ⑧いいました。

①（おかぶりになって（かぶられて））
②（いらっしゃいました（来られました））
③（お元気そうですね）
④（お元気ですと）
⑤（明るくなります）
⑥（お聞きになった（聞かれた））
⑦（お顔をなさいました。（お顔をされました））
⑧（おっしゃいました）

★「いらっしゃる」は、「来る」の そんけい語です。

文の 組み立て

主語と述語を正しく見つけたり、どの言葉が、どの言葉に係るかを考えたりする力をつける。そのほか、文の初めと終わりを明確にし、語の順序を考えながら文が作れる力を養う。

標準レベル

時間 10分　得点 /100

1 文の 中の「〜は」や「〜が」に あたる ところを しゅ語と いいます。つぎの 文の しゅ語に ――線を 引きなさい。【1つ5点・25点】

れい きれいな 花が さきました。

① 妹が 学校から 帰って きました。
② つくえの 上には 国語の 本が あります。
③ ゆみ子と たけしは 七才に なりました。
④ 教室には ぼくだけが のこった。
⑤ おもしろいなあ、この 本は。

2 文の 中の「〜です。」「〜だ。」などに あたる ところを じゅつ語と いいます。つぎの 文の じゅつ語に ――線を 引きなさい。【1つ5点・40点】

れい ぼくは 学校へ 行きました。

① 弟は 今年 一年生だ。
② きのう おいしい りょうりを 食べた。
③ 青い 空に 白い 雲が うかんで いました。
④ だれだ、そこに いるのは。
⑤ この花は 白くて うつくしい。
⑥ まどから 遠くの 山が 見えます。
⑦ お母さんが 作った ケーキは おいしい。
⑧ 雨が ふって きたので、家に 入った。

★じゅつ語に かかる 正しい ことばを えらびます。

3 いみの とおる 文に なるように ――で つなぎなさい。【1つ3点・15点】

① ガラスが	ぴょんと	こぼれた。
② 魚が	ぽろぽろ	はねた。
③ 米つぶが	ガチャンと	なった。
④ チャイムが	パチパチと	われた。
⑤ たき火が	ピンポンと	もえた。

4 正しい ほうに、○を つけなさい。【1つ5点・20点】

① ぼくは ㋐( )よろこばせて ㋑(○)よろこんで 手つだいました。
② ねこが ㋐(○)おいしそうに ㋑( )おいしく えさを 食べて いました。
③ わたしには ㋐( )少しは ㋑(○)少しも 分からないのです。
④ 子犬は ㋐(○)さみしそうな ㋑( )さみしそうに 目で こちらを 見て いました。

ハイレベル

時間 15分　得点 /100

1 つぎの 文を □の 中の 三つの なかまに わけて、しるしを つけなさい。【1つ3点・30点】

① (○)妹が なき出した。
② (△)お父さんは 学校の 先生です。
③ (×)雪は つめたい。
④ (○)ぼくは 走った。
⑤ (×)外は さむい。
⑥ (△)あの店が 花やです。
⑦ (×)くだものは おいしい。
⑧ (○)友だちが ころんだ。
⑨ (△)わたしの 弟は 小学三年生です。
⑩ (○)先生も わらった。

「何が どうする」……→○
「何が どんなだ」……→×
「何が 何だ」……→△

2 れいに ならって、ことばの じゅんじょを はんたいに した 言い方で 書きなさい。【1つ5点・20点】

れい 人形を 作りましょう。（作りましょう、人形を。）

① おとぎの 国へ 行こうよ。
（行こうよ、おとぎの国へ。）
② にんじんは きらいだ。
（きらいだ、にんじんは。）
③ ねこは ニャーニャーと 鳴きます。
（ニャーニャーと 鳴きます、ねこは。）
④ お兄ちゃんに こっちへ 来るように 言いなさい。
（こっちへ 来るように 言いなさい、お兄ちゃんに。）

3 いみの とおる 文に なるように、( )に 番ごうを 書きなさい。【1つ10点・30点】

① (3)弟に (1)せっかく 作った (4)こわされました (2)人形を
② (3)ころんだので (4)ほけん室へ 行って (1)体いくの 時間に (2)走って いて (5)手当を しました
③ (4)たくさんの 人が (2)夕方 (1)きのうの (3)火事が あって (5)けがを したそうです

4 つぎの ( )の ことばを 入れる ことが できる ほうの 記ごうを 書きなさい。【1つ5点・20点】

① (ちっとも)
お母さんが ㋐あやして いるのに、赤ちゃんは ㋑なきやまない。 (イ)
② (うれしそうに)
弟は ㋐言いました。「うわあ、おねえちゃん ㋑ありがとう。」 (ア)
③ (あわてて)
少年の 声を ㋐聞くと、オオカミは ㋑山へ にげました。 (イ)
④ (いきおいよく)
「㋐それっ。」と かけ声を かけて、㋑引っぱりました。 (イ)

★「少しも〜ない」「まったく〜ない」と 同じ いみです。

最高レベル

時間 20分　得点 /100

1 （　）に 入る ことばを □から えらんで、記ごうで 書きなさい。【1つ6点・30点】

① この かぶと虫は、きのうの 夕方 公園で 見つけ（㋑）。

② おとしものは だれかが きっと 見つけて（㋔）。

③ わたしは おぼえる（㋒） 早い ほう（㋓） 思います。

④ おいかけたが、間に合い（㋐）。

㋐ませんでした　㋑ました　㋒のが　㋓だと　㋔くれます　㋕くれません

2 いみの とおる 文に なるように、（　）に 番ごうを 書きなさい。【1つ10点・30点】

①
㋐（2）お母さんの 友だちが
㋑（4）パンを やいて います
㋒（1）わたしの 家では
㋓（3）あつまって

②
㋐（5）学校へ 行きました
㋑（3）けがを しなかったので
㋒（2）ころんで しまいましたが
㋓（1）どろ道で
㋔（4）そのまま

③
㋐（4）えんがわで
㋑（2）お昼に なると
㋒（1）日曜日の
㋓（5）休けいします
㋔（3）べん強を やめて

★いみの つながる ぶ分を 先に 見つけましょう。

★しゅ語と じゅつ語と それに かかわる ことばの つながりを おぼえましょう。

3 つぎの 文しょうを 読んで、後の もんだいに 答えなさい。

この 前の 日曜日に、カレーライスを つくって お姉さんが くれました。
□と 玉ねぎを 切って いる お姉さんの そばで、ぼくと （　）は あそんで いました。
「カレーライス、まだかなあ。」小さな 声で 弟が 言いました。
しばらく すると、おいしい カレーの においが して きました。

(1) ——線を 引いた 文を、いみが とおるように 正しく 書き直しなさい。【10点】

（お姉さんが カレーライスを つくって くれました。）

(2) □に 入る ことばを、つぎの 中から えらんで、⬭で かこみなさい。【5点】

（ドンドン・カラカラ・(トントン)）

(3) 文の 中に「おなかを すかした」と いう ことばを 入れたいと 思います。それが 入るのは どこですか。入る ところの 前と 後ろの ことばを （　）に 書きなさい。【10点】

（声で（そばで、））おなかを すかした（弟が（ぼくと））

(4) （　）に 入る ことばを つぎの 中から えらんで、○を つけなさい。【5点】

㋐（　）カレーライス
㋑（○）弟
㋒（　）おねえちゃん

(5) 〰〰線を 文に 合うように 書きかえなさい。【10点】

おいし［そうな］カレーの におい

リビューテスト 4

時間 10分　得点 /100

1 つぎの 文しょうを 読んで、後の もんだいに 答えなさい。

二人の 友だちと いっしょに かいた「火の 用心」の ポスターが、学校の けいじばんに はられる ことに なりました。先生が、「よく かけて いるので、みんなに 見せて あげましょう。」と ㋐言って、しょくいん室に ㋑それを もって ㋒いったからです。
お昼休みに わたしは あや子さんを さそって、ポスターを 見に いきました。たくさんの 人が ポスターを ながめて いたので、少し はずかしく なりました。

(1) ポスターは 何人で かきましたか。【10点】

（三）人

(2) ——線㋐㋒の ことばを、ていねいな 言い方に 書き直しなさい。【1つ10点・20点】

㋐（おっしゃって）
㋒（いかれた（いらっしゃった））

(3) ——線㋑の それは 何を さして いますか。【10点】

（火の 用心の ポスター）

(4) わたしは なぜ、はずかしく なったのですか。一つ えらんで、○を つけなさい。【10点】

（　）ポスターが へただから。
（○）自分の かいた ものが、たくさんの 人に 見られて いたから。
（　）あや子さんが いっしょに いるから。

2 つぎの 文しょうを 読んで、後の もんだいに 答えなさい。

きのうは 親せきの お姉さんの けっこんしき（㋐）。
ぼくは、お父さんや お母さんと タクシーに のって、しき場まで 行きました。
タクシーの 中で お母さんが、「お姉さんは よしおが まだ 赤ちゃんの ころ、よく かわいがって（㋑）のよ。」と 教えて くれました。
白い ドレスを きた お姉さんは、おひめさまのように きれいでした。
頭に ぼくの 手を おいて、「よしおくん、来てくれて ありがとう。」と 声で 言いました。

(1) この 文しょうを 書いた 人は だれですか。名前を 書きなさい。【10点】

（よしお）

(2) ㋐・㋑には それぞれ どちらの ことばが 入りますか。正しい 方に ○を つけなさい。【1つ10点・20点】

㋐［（○）でした・（　）です］
㋑［（　）くれる・（○）くれた］

(3) 〰〰線の ところを、ことばを ならびかえて、いみが とおるように 書き直しなさい。【10点】

（ぼくの 頭に 手を おいて（手を ぼくの 頭に おいて））

(4) 「やさしい」と いう ことばが ぬけて います。どの ことばの 前に 入りますか。その ことばを 書きなさい。【10点】

……やさしい（声で）～

しを 読む

情景を思い浮かべ、作者が何を伝えようとしているのかを理解し、作者の気持ちの流れや情景の美しさに加え登場人物たちのそれぞれの思いまでを深く読み取れる力を養う。

標準レベル

時間 10分　得点 ／100

1 つぎの しを 読んで、後の もんだいに 答えなさい。

肉を㋐ やく におい。
テレビの 音。
少し つめたい 風㋑。
もう、さようならの 時間です。
川の ところまで 歩いたら、
大きな 声で いいましょう。
さようなら、
また あしたね。
あしたも いっしょに あそぼうね。

(1) ㋐、㋑の 読み方を 書きなさい。【1つ5点・10点】
㋐（にく）　㋑（かぜ）

(2) いつの ようすを 書いて いますか。一つ えらんで ○を つけなさい。【10点】
（　）朝　（○）夕方　（　）夜

(3) さようならの 時間に なるまでは 何を して いたのですか。【10点】
友だちと（あそんでいた（歩いて いた））。

(4) 川の ところで どう するのですか。【10点】
友だちと（わかれる（さようならを する））。

(5) 人が いった ことばを ぜんぶ 書き出しなさい。【10点】
（さようなら、また あしたね。
あしたも いっしょに あそぼうね。）

★「顔が うつって いる」
顔の 近くを とんで います。

2 つぎの しを 読んで、後の もんだいに 答えなさい。

マコちゃんの 家の ほうから
とんで きたよ。
風に のって
たくさん たくさん
とんで きたよ。㋐
ピンクや 黄色の
光の 玉だ。
空が うつって いる。
木が うつって いる。
ぼくの 顔が うつって いる。
パチンと われたら
せっけんの においが したよ。

(1) 何を 書いた しですか。一つ えらんで ○を つけなさい。【10点】
（　）風船　（　）紙ひこうき　（○）シャボン玉

(2) 何を 書いた しなのかが はっきり わかる ことばを 一つ えらんで ○を つけなさい。【15点】
（　）とんで きたよ
（　）ピンクや 黄色
（○）せっけんの におい
（　）たくさん たくさん

(3) ——線㋐で、だれが とばして いるものですか。【10点】
（マコちゃん）

(4) ぼくの 顔の すぐ 近くを とんで いった ことが よく わかる 文を 書きなさい。【15点】
（ぼくの 顔が うつって いる。）

ハイレベル

時間 15分　得点 ／100

1 つぎの しを 読んで、後の もんだいに 答えなさい。

★「くせに」「うそつき」「にらむ」→
心じょうが 表れて います。

三時に なったら 電話を するからねって
言った くせに、
もう 時計の 長い はりは
右に ずっと かたむいて いる。
お母さんの うそつき。【　】★
ぼくは ひざを かかえて
時計を にらむ。
手の ひらが
あせで べたべたする。
むねが どきどきする。
リーン、
と 遠くで ベルが なった。
ぼくは 電話まで 走って いった。

(1) ぼくは 何を して いますか。【10点】
（電話を まって いる。）

(2) だれが 電話を すると 言ったのですか。【10点】
（お母さん）

(3) ★の 文から どんな ことが わかりますか。どちらかに ○を つけなさい。【10点】
（○）もう 三時を すぎて いる。
（　）まだ 三時に ならない。

(4) 時計を にらんで いる ぼくの 気もちに 合う ものを ◯で かこみなさい。【10点】
（ゆかいだ ・ ふあんだ ・ かなしい）

(5) ベルが なったとき、ぼくは どう しましたか。【10点】
（電話まで 走って いった。）

★「きっと」「ちがいない」は、思いうかべている ことばです。

2 つぎの しを 読んで、後の もんだいに 答えなさい。

あの 工場の むこうがわに
れんげばたけが あるのです。
大きな えんとつの かげに
かくれて いるので
よく 見えないけれど
ときどき 風に のって
あまい みつの かおりが
ながれて くるので わかります㋐。
小鳥や みつばちは いつも
なかまと あそびに 行くのです。
そこは きっと あたたかいから。
まるで（　★　）
うつくしい、
春の 国に ちがいないから。

(1) れんげばたけは どこに ありますか。【15点】
（（あの）工場の むこうがわ）

(2) この しを 書いた 人は、れんげばたけに 行った ことが あるでしょうか。ないでしょうか。【15点】
（行った ことが ない）

(3) ——線㋐の「わかります」は 何が わかるのですか。一つ えらんで ○を つけなさい。【10点】
（　）風が ふく こと。
（　）えんとつが ある こと。
（○）れんげばたけが ある こと。

(4) ★に 入る ことばを 一つ えらんで ○を つけなさい。【10点】
（　）青い 海のように
（○）ピンクの じゅうたんのように
（　）雪が ふりつもったように

★それぞれが　している　ことから
心じょう（気もち）を　読みとります。

最高レベル

時間　20分　得点　／100

■ つぎの　しを　読んで、後の　もんだいに　答えなさい。

てんぷらうどんが　食べたい
と　おばあちゃんが　言ったので、
さむい　さむい　日曜日
㋐みんなで　近くの　うどんやへ　行った。
㋑おばあちゃんは　りょう手を　こすりながら
てんぷらうどん。
お父さんは　えりまきを　とりながら
なべやきうどん。
お母さんと　わたしは　㋒さっきから
ずっと　ずっと　メニューと　にらめっこ。
そして、やっと　きめたのが、きつねうどん。
いちばん　あとで　ちゅう文　したのに、
いちばん　早く　来たのは　きつねうどん。
とうがらしを　かけて　いると、
うまそうだなあ
と　お父さんが　言った。
おばあちゃんは　まだ　手を　こすって　いる。
つぎに　来たのは　てんぷらうどん。
㋓いただきます、も　言わないで
おばあちゃんは
どんぶりに　顔を　つっこんだ。
うどんやの　くもった　まどから
しずくが　ながれて
まるで　（　　㋔　　）
と　わたしが　言っても、
だまって　むちゅうで　食べて　いる。
お父さんの　なべやきは
まだ　来ない。
かわいそうだね。
お母さんと　顔を　見合わせて
わたしは　わらった。

(1) きせつは　いつですか。【10点】

（　冬　）

(2) ──線㋐の「みんな」とは、だれの　ことですか。【1つ5点・20点】

（　わたし　）（　お父さん　）
（　お母さん　）（　おばあちゃん　）（順不同）

(3) なぜ　うどんやへ　行ったのですか。【10点】

（　おばあちゃんが　てんぷらうどんが　食べたいと　言ったから。　）

(4) ──線㋑で　おばあちゃんは　なぜ　りょう手を　こすって　いるのですか。【15点】

（　さむいから　）

(5) ──線㋒の「さっきから……メニューと　にらめっこ」と　いう　ことばから、どんな　ことが　わかりますか。【15点】

（　（何を食べようか）まよって　いる　こと　）

(6) ㋓の　文から　おばあちゃんの　どんな　ようすが　わかりますか。一つ　えらんで　○を　つけなさい。【15点】

（　）おこって　いた。
（○）まちわびて　いた。
（　）ないて　いた。

(7) ㋔の　ところに　入る　文を　一つ　えらんで　○を　つけなさい。【15点】

（　）ガラスが　われた　みたいね。
（　）ガラスでは　ない　みたいね。
（○）ガラスが　ないて　いる　みたいね。

生活文を 読む

標準レベル

時間 10分　得点 /100

どのような出来事を書いた文なのか、時間の順序や行動の展開を正しく追いながら、作者の気持ちに合わせて読み取れる力を身につける。また長文を順序正しくよみながら、その情景が思い浮かべられる力を養う。

1 つぎの 文しょうを 読んで、後の もんだいに 答えなさい。

子犬の シロが いなくなったので、お兄ちゃんが 自てん車に のって さがしに いきました。ぼくも 家の まわりを、「シロ シロ。」と よびながら、さがしました。となりの 家の おばさんが、
「公園に いたよ。」
と 教えて くれました。ぼくは いそいで 公園へ 行きました。

(1) 何が いなくなったのですか。【10点】
（子犬の シロ）

(2) お兄ちゃんは どう しましたか。【10点】
（自てん車に のって さがしに いった。）

(3) ぼくは どう しましたか。【10点】
（家の まわりを、「シロ シロ。」と よびながら、さがした。）

(4) だれが 何を 教えて くれましたか。【10点】
（となりの 家の おばさん）が
（シロが 公園に いたこと）

(5) ぼくは なぜ いそいで 公園に 行ったのですか。【10点】
（シロが 公園に いたと 聞いたから。（シロを つかまえる ため。））

★「算数が きらい」が 文の 中心に なって います。

2 つぎの 文しょうを 読んで、後の もんだいに 答えなさい。

きょうは ㋐日曜さんかんの 日です。㋑算数の ㋒時間に ㋓お父さんたちが ぞろぞろと ㋔教室に 入って きました。
ぼくは 算数が きらいなので、先生に あてられたら どうしようかと どきどきして いました。(あ)みんなが 手を あげて いる ときも、ずっと 下を むいて ㋕教科書を にらんで いました。
そっと 教室の 後ろを 見ると、お父さんが じっと ぼくの ほうを 見て いました。
㋖家に ㋗帰ったら、
「もっと べん強しなさい。」
と (い)しかられるだろうなあと ㋘思いました。

(1) ㋐〜㋘の 読み方を 書きなさい。【1つ2点・18点】
㋐（にちよう）　㋑（さんすう）
㋒（じかん）　㋓（とう）
㋔（きょうしつ）　㋕（きょうかしょ）
㋖（いえ）　㋗（かえ）
㋘（おも）

(2) いつの できごとですか。【10点】
（日曜さんかんの 日（日曜日））

(3) (あ)線で みんなが 手を あげて いる とき ぼくは 何を して いましたか。【12点】
（ずっと 下を むいて 教科書を にらんで いた。）

(4) (い)線で なぜ 「しかられるだろうなあ」と 思ったのですか。一つ えらんで ○を つけなさい。【10点】
（　）教科書を 読んだから。
（○）手を あげなかったから。
（　）黒ばんの ほうを むいて いたから。

ハイレベル

時間 15分　得点 /100

1 つぎの 文しょうを 読んで、後の もんだいに 答えなさい。

㋐ガラッと まどを あけると、どこからか ㋑ポロリンと ピアノの 音が 聞こえて きました。だれかが ピアノの れんしゅうを して いるのでしょう。音は 大きく なったり 小さく なったり しながら、わたしの 家の ほうへ ながれて きました。
わたしは つくえの 上から ㋒色紙を 一まい とって きて、紙ひこうきを おりました。そして、えいっと まどから とばしました。
㋓それは ピアノの 音に あわせて、空を ぐるぐる 回りました。

(1) つぎは 何の 音ですか。【1つ5点・10点】
―線㋐「ガラッ」（まどが あいた 音（まどを あける））
―線㋑「ポロリン」（ピアノの 音）

(2) ピアノの 音が 聞こえて きたとき、どう 思いましたか。【10点】
（だれかが ピアノの れんしゅうを して いるのでしょう。）

(3) ―線㋒の 色紙は どこに ありましたか。【10点】
（つくえの 上）

(4) ―線㋓の 「それ」とは 何の ことですか。【10点】
（紙ひこうき）

(5) 「それ」は どう なりましたか。【10点】
（ピアノの 音に あわせて、空を ぐるぐる 回った。）

★だれが だれに 何を して いるのかを、読みとりましょう。

2 つぎの 文しょうを 読んで、後の もんだいに 答えなさい。

㋐お母さんと ㋑妹と 三人で おふろに はいりました。
お母さんが 妹の せなかを あらって いる ㋒間、わたしは お母さんの せなかを ごしごしと あらって あげました。
「お母さんの せなかは ㋓広いから たいへんだなあ。」
と わたしが いうと、お母さんは ふりむいて にっこり わらいました。そして、せっけんの あわを わたしの はなの ㋔頭に ちょこんと つけました。
「おねえちゃんの おはなが 白く なった。」
妹が わたしの 顔を 見て わらいました。

(1) ㋐〜㋔の 読み方を 書きなさい。【1つ4点・20点】
㋐（かあ）　㋑（いもうと）
㋒（あいだ）　㋓（ひろ）
㋔（あたま）

(2) だれが だれの せなかを あらったのですか。二つ えらんで ○を つけなさい。【1つ5点・10点】
（　）妹が お母さんの せなか
（○）わたしが お母さんの せなか
（　）わたしが 妹の せなか
（○）お母さんが 妹の せなか
（　）お母さんが わたしの せなか

(3) 〰線で 何が たいへんだなあと 思ったのですか。【10点】
（お母さんの せなかを あらう こと）

(4) 妹は なぜ わらったのですか。【10点】
（おねえちゃんの おはなが 白く なったから）

最高レベル

時間 20分　得点 /100

★家ぞくで　夜店に　行って　いる
ようすを　思いうかべましょう。

■ つぎの　文しょうを　読んで、後の　もんだいに　答えなさい。

お寺の㋐　近くで　夜店が㋑　ひらかれました。土曜日の㋒　夜なので、家ぞく　みんなで　行ってみる　ことに　しました。

わたしは　お母さんに　ゆかたを　きせて　もらいました。そして、いちばん　早く　外へ　出ました。弟は　お父さんに　かた車を　して　もらって　とても　うれしそうです。おばあちゃんは　うちわを　パタパタ　しながら、お母さんと　いっしょに　歩いて　きました。

夜店の　そばには　たくさんの　人が　あつまって　いました。わたしは　金魚すくいが　したかったので、お母さんに　おこづかいを　もらいました。でも、二回　すくって　しっぱいして　しまいました。「どれ、かして　ごらん。」と　言って　おばあちゃんが　すくうと、三びきも　とれました。

「わたあめ　食べる㋓。」と、弟が　言ったので、みんなで　買い㋔に　行きました。わたあめの　お店には、子どもが　たくさん　ならんで　いました。

それから、ヨーヨーつりを　しに　行きました。お父さんが　大きい　ヨーヨーを　二つ　とって　くれました。

帰り道、同じ㋕　二年二組の　大川さんに　会い㋖ました。大川さんは　お姉さんと　二人で　夜店に　来たのだそうです。学校の　しゅくだいの　話を　しながら、いっしょに　帰り㋗ました。

(1) ㋐〜㋗の　読み方を　書きなさい。【1つ3点・24点】

㋐（てら）　㋑（よみせ）
㋒（どようび）　㋓（た）
㋔（か）　㋕（おな）
㋖（あ）　㋗（かえ）

(2) どこで　何が　ひらかれましたか。【10点】

（お寺の　近く）で
（夜店）が　ひらかれた。

(3) 弟は　なぜ　うれしそうだったのですか。【10点】

（お父さんに　かた車を　して　もらったから。）

(4) 夜店を　まわった　じゅん番に　店の　名前を　書きなさい。【1つ4点・12点】

（金魚すくい）
（わたあめ）
（ヨーヨーつり）

(5) わたしと　いっしょに　行った人を　書きなさい。【1つ4点・16点】

（お父さん）（お母さん）
（弟）（おばあちゃん）（順不同）

(6) 〜〜線で　「三びきも」と　ありますが　なぜ　こう　書いたと　思いますか。どちらかに　○を　つけなさい。【10点】

（　）少ししか　とれなくて　くやしかったから。
（○）たくさん　とれて　うれしかったから。

(7) 帰り道に　だれと　会いましたか。【10点】

（（二年二組の）　大川さん）

(8) これは　いつの　きせつの　できごとですか。また、それは　どの　ことばで　わかりますか。【1つ4点・8点】

きせつ……（夏）
ことば……（ゆかた（うちわ））

手紙文を 読む

標準レベル　時間 10分　得点 /100

「前置き」「本文」「後書き」から成る基本的な手紙文の形式を学習し、誰に何のために書かれたものなのかを読み取る力を身につける。また長い手紙から用件の要点が押さえられる力を養う。

1 つぎの 手紙を 読んで、後の もんだいに 答えなさい。

まり子さん、わたしは 今、かなざわに あそびに 来て います。こちらは とても うつくしい ところです。きょうは おしろを 見学して きました。しゃしんを たくさん とりました。まり子さんへの おみやげも 買ったので、楽しみに して いて くださいね。

五月三日　上原ゆう子

小田まり子さんへ

(1) この 手紙は だれが 書いたのですか。【10点】
（上原ゆう子）

(2) この 手紙は どこで 書いたのですか。【10点】
（かなざわ）

(3) そこは どんな ところだと 書いて ありますか。【15点】
（とても うつくしい ところ）

(4) この 手紙で 知らせて いる ことを、すべて えらんで ○を つけなさい。【1つ5点・15点】
（○）かなざわへ あそびに 来た。
（　）絵を かいた。
（○）おしろを 見学した。
（　）おべんとうを たべた。
（○）おみやげを 買った。

★「おじいちゃんと いっしょに…」が、とくに 知らせたい ことです。

2 つぎの 手紙を 読んで、後の もんだいに 答えなさい。

おじいちゃん、お元気ですか。

あしたから わたしたちの 学校も 夏休みに なります。つうしんぼの 国語と 算数が よかったので、先生に ほめられました。お父さんと お母さんも、

「よく がんばったね。」

と ほめて くれました。

八月に なったら、おじいちゃんの 家へ あそびに 行きますね。わたしは もう 十メートルも およげるように なりました。おじいちゃんと いっしょに 海で およぐのを 楽しみに して います。

七月二十日　秋田やよい

おじいちゃんへ

(1) この 手紙は だれが 書いたのですか。【10点】
（秋田やよい）

(2) 先生に 何を ほめられたのですか。【15点】
（国語と 算数の つうしんぼが よかった こと）

(3) 「よく がんばったね。」と 言ったのは だれですか。【15点】
（お父さんと お母さん）

(4) この 手紙で いちばん 言いたかった ことは 何ですか。（　）に ○を つけなさい。【10点】
（　）あしたから 夏休みに なります。
（○）八月に なったら、おじいちゃんの 家へ あそびに 行きます。
（　）もう 十メートルも およげるように なりました。

★「ごめんなさい」→「おわび」の 手紙です。

ハイレベル　時間 15分　得点 /100

1 つぎの 手紙を 読んで、後の もんだいに 答えなさい。

前山先生、きょうは 体いくの 時間に さわいで ごめんなさい。

なわとびを かたづける とき 谷くんに、

㋐「なわとびが へただね。」

と 言われたので ㋑頭が かあっと なったのです。それで、ぼくが 谷くんの せなかを おして、けんかに なりました。でも、谷くんが ないたので、

㋒「しまった。」

と 思いました。もう ぜったい けんかは やめようと 思います。

大森みつる

前山先生へ

(1) これは どんな 手紙ですか。一つ えらんで ○を つけなさい。【10点】
（　）お知らせの 手紙
（○）おわびの 手紙
（　）おれいの 手紙

(2) ――線㋐と 言ったのは だれですか。【10点】
（谷くん）

(3) ――線㋑とは どういう いみですか。【10点】
（はらが 立った（おこった））

(4) なぜ ――線㋒と 思ったのですか。【10点】
（谷くんが ないたから。）

(5) この 手紙を 書いた 人は、これから どう しようと 思って いますか。それが わかる ところに 〜〜線を 引きなさい。【10点】

★「おれい」と 「おねがい」の 手紙です。

2 つぎの 手紙を 読んで、後の もんだいに 答えなさい。

おじさん、きのうは はたけを かして もらって ありがとうございました。

いもほりは はじめてだったので、とても 楽しかったです。やすしくんも かずおくんも、

「おもしろかったなあ。また らい年も したいなあ。」

と 言って いました。

もって 帰った いもは、よく あらってから、お母さんに ふかしいもを 作って もらいました。あまくて おいしかったです。

こんどは いもが できるまでの 話を 聞かせて くださいね。

こういち

山田の おじさんへ

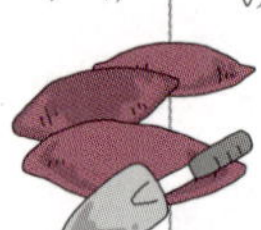

(1) だれが 何の おれいを 書いて いますか。【1つ5点・15点】
（こういち）が（はたけ）を（かして もらった（ことの））おれい

(2) この 手紙を 書いた 人は、だれと いもほりに 行きましたか。【10点】
（やすしくんと かずおくん）

(3) 何を 「らい年も したいなあ。」と 言ったのですか。【5点】
（いもほり）

(4) もって 帰った いもは、どうしましたか。【10点】
（（よく あらってから、）お母さんに ふかしいもを 作って もらった。）

(5) この 手紙の 中で、どんな ことを おねがいして いますか。【10点】
（（こんどは）いもが できるまでの 話を 聞かせて もらう こと）

最高レベル

時間 20分　得点 /100

★「だれが　どうした」を　しっかり　読みとりましょう。

■ つぎの　手紙を　読んで、後の　もんだいに　答えなさい。

お姉ちゃん、元気ですか。

お姉ちゃんが　一人で　おばあちゃんの　家へ　行ってから、もう　五日が　すぎました。

せっかくの　夏休みなのに　お姉ちゃんが　いないと　さみしいです。でも、うれしい　ことも　ありました。ごはんの　ときは　お姉ちゃんが　いないので、わたしの　すきな　ものを　いっぱい　食べられます。

きょうは　ラジオ体そうが　おわってから、さゆりちゃんと　いっしょに　学校へ　行きました。花だんの　ひまわりに　水を　やりに　行ったのです。となりの　花だんでは、お姉ちゃんと　同じ　六年一組の　山本さんが　お花に　水を　やって　いましたよ。お姉ちゃんが　おばあちゃんの　家へ　行って　いる　ことを　話すと、

㋐「いいわね。わたしも　どこかへ　りょこうしたいわ。」

と　言って　いました。

らい年は　わたしも、お姉ちゃんと　いっしょに　おばあちゃんの　家に　行きたいです。お母さんも、

「三年生に　なったら　ゆるして　あげますよ。」

と　言って　くれました。

それでは、お姉ちゃんも　楽しい　夏休みを　すごして　ください。おばあちゃんにも　よろしくね。

七月三十一日　てる子

お姉ちゃんへ

(1) この　手紙を　書いた　人と　もらった　人には、どんな　つながりが　ありますか。一つ　えらんで　○を　つけなさい。【10点】

（　）友だち　（　）いとこ
（○）きょうだい

(2) この　手紙を　もらった　人は、今　どこに　いますか。【10点】

（おばあちゃんの　家）

(3) どんな　できごとを　知らせて　いますか。すべて　えらんで　○を　つけなさい。【1つ10点・20点】

（　）夏休みに　なった。
（○）学校の　ひまわりに　水を　やった。
（　）さゆりちゃんと　あそんだ。
（○）山本さんに　会った。
（　）山本さんが　りょこうする。

(4) ——線㋐と　言ったのは　だれですか。【10点】

（山本さん）

(5) その　人は、何が「いいわね。」と　思ったのでしょうか。【15点】

（お姉ちゃんが　おばあちゃんの　家へ　行って　いる　こと）

(6) 三年生に　なったら、お母さんが　ゆるして　くれる　ことは　何ですか。【15点】

（お姉ちゃんと　いっしょに　おばあちゃんの　家に　行く　こと）

(7) お姉ちゃんが　いない　ことで、うれしい　ことが　あります。それは　どんな　ことですか。【20点】

（わたしの　すきな　ものを　いっぱい　食べられること。）

リビューテスト 5

時間 10分　得点 /100

★秋だと　わかる　ことばを　見つけましょう。

1 つぎの　しを　読んで、後の　もんだいに　答えなさい。

ほっこり　やきいも、
くりひろい。
とんぼの　むれと、
きんもくせい。
きっと
この　山の　（★）が
赤く　赤く　かわるのも、
※
もうすぐだね。
遠い　おまつりの　声を　ききながら、
こぐまの　きょうだいは
かげふみあそびを　くりかえして　いる。

(1) この　しの　きせつは　いつですか。【10点】

（秋）

(2) ★に　入る　ことばを　一つ　えらんで、○を　つけなさい。【15点】

（　）道
（○）はっぱ
（　）どうぶつ

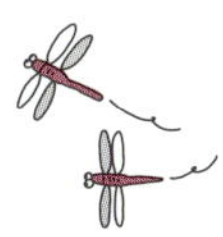

(3) ※の　ことばを　言ったのは　どちらですか。○を　つけなさい。【10点】

（　）おまつりの　人
（○）こぐまの　きょうだい

(4) この　しを　読んで、どんな　かんじが　しましたか。一つ　えらんで、○を　つけなさい。【10点】

（　）明るい
（　）こわい
（○）しずか

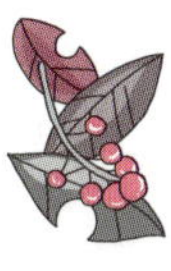

★「おさそい」の　手紙です。

2 つぎの　手紙を　読んで、後の　もんだいに　答えなさい。

くに子さん、お元気ですか。

もう　すぐ、冬休みですね。こちらは、きょう　少し　雪が　ふりました。㋐そちらの　ほうは　どうですか。

冬休みに　なったら、くに子さんに　会いたいなあと　思って　います。今年も　また、わたしの　家で　クリスマス会を　する　つもりなので、もし　よければ　お母さんと　いっしょに　来て　ください。わたしの　お母さんも、くに子さんの　お母さんに　とても　会いたがって　います。

それでは、おへんじを　まって　います。

十二月　十八日　大谷りか

寺田くに子さんへ

(1) この　手紙は　だれから　だれに　書いた　ものですか。【10点】

（大谷りか）から
（寺田くに子さん）へ

(2) ——線㋐で　どんな　ことを　たずねて　いますか。【15点】

（そちらの　ほうは　雪が　ふったか　どうか）

(3) この　手紙から、どんな　ことが　わかりますか。○を　つけなさい。【15点】

（　）手紙は　冬休みに　書かれた。
（○）くに子と　りかは、はなれた　ところに　すんで　いる。
（　）くに子と　りかは、同じ　クラスの　友だちである。

(4) この　手紙で、いちばん　言いたかった　ところに　——を　引きなさい。【15点】

16

記ろく文・かんさつ文を読む

記録文や観察文がどのようなものであるかを知り、文中から事実を的確におさえ、読み手に何を伝えようとしているのかを読み取る力を身につける。

標準レベル

時間 10分　得点 /100

★(5)「なぜ～」の　答えは、「～するため」の　ぶ分です。

1 つぎの　文しょうを　読んで、後の　もんだいに　答えなさい。

にわの　みかんの　木に、あげはちょうの　よう虫が　ついて　いました。よう虫は　みどり色を　して　いて、まるまると　太って　います。ゆびで　つっくと、頭の　ところから　オレンジ色の　角が　出て　きました。そして、くさい　においを　出しました。

さなぎに　なるまで　かんさつを　するために、よう虫に　みかんの　木の　えだごと　あみの　ふくろを　かぶせました。

(1) 何の　よう虫を　かんさつした　文しょうですか。【10点】
（あげはちょう）

(2) よう虫は　どこに　いましたか。【10点】
（(にわの)みかんの　木）

(3) よう虫は　どんな　色や　ようすを　して　いましたか。【10点】
（みどり色を　して　いて、まるまると　太って　いる。）

(4) ゆびで　つっくと、どう　なりましたか。じゅん番に　二つ　書きなさい。【1つ5点・10点】
①（頭の　ところから　オレンジ色の　角が　出てきた。）
②（くさい　においを　出した。）

(5) なぜ　あみの　ふくろを　かぶせたのですか。【10点】
（さなぎに　なるまで　かんさつを　する　ため）

2 つぎの　文しょうを　読んで、後の　もんだいに　答えなさい。

川や　池で　すくってきた　水を　しらべました。とうめいな　水なので　㋐一見しても、この　水の　中に　生きものの　すがたは　見えません。

しかし、その　水の　一てきを　ガラス板に　のせ、けんびきょうで　のぞいてみると、たくさんの　★　を　見ることが　できました。

これは、プランクトンと　よばれて　います。みどり色の　ものは、まったく　うごきません。三日月や　長い　ひも、花のような　形を　して　います。㋑それとは　べつに、よく　うごく　プランクトンを　見る　ことが　できました。体に　毛の　ある　ものや　ラッパのような　☆を　した　ものなどです。

(1) 何を　しらべましたか。【10点】
（川や　池で　すくってきた　水）

(2) ——線㋐の「一見」は、どの　いみで　つかわれていますか。よい　ほうに　○を　つけなさい。【10点】
（○）ちょっと　見ると。
（　）一回　見ると。

(3) ★に　入る　ことばを　文中から　四文字で　さがしなさい。【10点】
生きもの

(4) ——線㋑が　さして　いる　ものは　何ですか。【10点】
（みどり色の　プランクトン）

(5) ☆に　入る　かん字を　○で　かこみなさい。【10点】
（色・花・(形)・水）

ハイレベル

時間 15分　得点 /100

★「～のように」は、たとえた　言い方です。

1 つぎの　文しょうを　読んで、後の　もんだいに　答えなさい。

お兄ちゃんが　あまがえるを　もって　帰ってきたので、水そうに　入れました。水そうの　そこに　少し　土を　しいて　やると、みどり色を　して　いた　あまがえるが　茶色に　かわりました。土の　色と　同じです。

草を　さし出すと、ゆびを　まげて　上手に　つかまりました。

ゆびと　ゆびの　間に、うすい　まくが　あるのが　見えます。ガラスに　とまらせて　うらから　見ると、たこの　きゅうばんのように　ぴったりと　くっついて　いました。

(1) 何を　かんさつした　文しょうですか。【10点】
（あまがえる）

(2) それは　土の　上に　おくと、何色から　何色に　かわりましたか。【1つ5点・10点】
（みどり）色→（茶）色

(3) ゆびは　どんな　しくみに　なって　いますか。それぞれの　ときに　合わせて　書きなさい。【1つ10点・20点】
① 草に　つかまる　とき。
（ゆびを　まげる。）
② ガラスの　上に　いる　とき。
（たこの　きゅうばんのように　ぴったりと　くっつく。）

(4) ゆびと　ゆびの　間に　何が　ありますか。【10点】
（うすい　まくが　ある。）

2 つぎの　文しょうを　読んで、後の　もんだいに　答えなさい。

今日は　友だちの　家で　あぶり出しを　しました。

りんごを　すりおろした　しるを、ふでに　たっぷりと　つけます。そして、白い　紙に　うさぎの　絵を　かきました。その　紙を　火で　あぶると、だんだん　うさぎの　顔が　うかんで　きます。りんごの　つぎは　みかんの　しるで　かいて　みました。火で　あぶると、同じ　ように　絵が　うかんで　きました。長い　時間　あぶるほど、絵は　はっきりと　あらわれます。

ためしに　水で　かいた　ものを　あぶって　みました。でも、これは　何も　うかんで　きませんでした。

(1) どこで　何を　した　記ろくですか。【1つ5点・10点】
① どこで（友だちの　家）
② 何を（あぶり出し）

(2) した　じゅんに　番ごうを　つけなさい。【20点】
（3）みかんの　しるで　絵を　かいた。
（1）りんごを　すりおろした。
（4）水で　絵を　かいた。
（2）りんごの　しるで　絵を　かいた。

(3) 絵を　はっきりと　うきあがらせる　ためには、どんな　ことを　しますか。【10点】
（長い　時間（火で）あぶる）

(4) 何も　うかんで　こないのは、何で　かいた　ものですか。【10点】
（水）

★星や　星ざの　「ようす」・「いち」を　きちんと　読みとりましょう。

最高レベル

時間　20分　得点　/100

つぎの　文しょうを　読んで、後の　もんだいに答えなさい。

　夏の　夜、ぼう遠きょうで　星空を　かんさつして　みました。
　星ざは　春、夏、秋、冬と、きせつに　よって　いろいろに　いちを　かえるそうです。とくに、夏の　星空は　天の川や　さそりざなどが　あり、とても　はなやかだと　いいます。
　まず、ぼう遠きょうで　天の川を　見て　みました。目で　見ると　ぼんやりと　した　雲のようですが、本当は　たくさんの　星が　あつまって　できて　いる　ことが　分かりました。
　たなばたの　ものがたりでも　ゆう名な　おりひめと　ひこぼしは、この　天の川を　はさんだ　りょうがわに　あります。図かんで　しらべると、天の川の　西がわで　光って　いるのが　おりひめの　ベガで、はんたいがわで　光って　いるのが　ひこ星の　アルタイルと　書いて　ありました。どちらも　大きくて　明るく、分かりやすい　星です。
　天の川に　しっぽを　ひたすように　して　さそりざが　見えます。南の　空の　あまり　高くない　いちに　ならんで　いる　星です。また、さそりの　心ぞうに　あたる　ぶ分には、赤く　光る　星が　あります。これが　アンタレスと　いう　一とう星です。その　そばに　くらい　星が　見えますが、これは、ぼう遠きょうで　見ると　一つの　星では　なくて、いくつもの　くらい　星が　あつまって　います。

(1) いつの　きせつの　記ろくですか。また、何の　かんさつですか。【1つ5点・10点】
　① きせつ……（　夏　）
　② 何…………（　星空　）

(2) 何を　つかって　かんさつして　いますか。【10点】
（　ぼう遠きょう　）

(3) それぞれ　天の川は　どのように　見えますか。【1つ10点・20点】
　① 目で　見た　とき
（　ぼんやりと　した　雲のよう　）
　② ぼう遠きょうで　見た　とき
（　たくさんの　星が　あつまって　できて　いる　）

(4) 天の川の　りょうがわに　ある　星の　名前を　それぞれ　書きなさい。【1つ5点・10点】
　① おりひめ……↓（　ベガ　）
　② ひこ星……↓（　アルタイル　）

(5) (4)の　星は　どんな　星ですか。【10点】
（　大きくて　明るく、分かりやすい　星　）

(6) さそりざは　どの　いちに　ありますか。【10点】
（　南の　空の　あまり　高くない　いち　）

(7) アンタレスとは、どこに　ある、どんな　星ですか。【1つ10点・20点】
　① どこに　ありますか。
（　さそりの　心ぞうに　あたる　ぶ分　）
　② どんな　星ですか。
（　赤く　光る　星　）

(8) アンタレスの　そばには　どんな　星が　見えますか。【10点】
（　くらい　星(いくつもの　くらい　星)　）

★さい後の　だんらくを　しっかり　読んで　答えましょう。

せつ明文を 読む

一つ一つの事柄を正しく読み取り、その中で何が最も大事なことであるのかが判断できる力を養う。また、学びとれる事柄を全ておさえ、正確な知識が得られる力を身につける。

標準レベル

時間 10分　得点 /100

★(3)「〜なぜ〜」→「〜ので」の ぶ分が 答えです。

1 つぎの 文しょうを 読んで、後の もんだいに 答えなさい。

かたつむりは、さざえや たにしと ㋐同じ 貝の なかまです。大むかしは 水の 中に すんで いたので、りくの 上で ㋑生活するように なってからも、雨の ふる 日が 大すきです。

㋒晴れた 日や、空気の かわいた 日には、木や 草の かげに かくれて じっと して います。

(1) ㋐〜㋒の 読み方を 書きなさい。【1つ3点・9点】

㋐(おな)　㋑(せいかつ)　㋒(は)

(2) かたつむりと 同じ なかまの 貝の 名前を 二つ 書きなさい。【1つ4点・8点】

(さざえ)(たにし)

(3) かたつむりは、なぜ 雨の ふる 日が 大すきなのですか。【10点】

(大むかしは 水の 中に すんで いたから。)

(4) かたつむりは、どんな 日に 木や 草の かげに かくれますか。正しい ものに ○を つけなさい。【20点】

( )雨の ふる 日
(○)空気の かわいた 日
(○)晴れた 日
( )空気の しめった 日

2 つぎの 文しょうを 読んで、後の もんだいに 答えなさい。

㋐夜空に ㋑光る ㋒星は、地きゅうに すんで いる わたしたちの 目(㋓肉がん)で 六千こも 見る ことが できると 言われて います。

星にも いろいろな しゅるいが あり、生まれたばかりの 星から、大人の 星、そして、年を とった 古い 星まで たくさん あります。

また、星の ㋔色で その しゅるいや おんどを くらべる ことも できます。

たとえば、青白く かがやいて いるのは、おんどの ㋕高い わかい 星です。そして、赤く かがやいて いるのは、おんどの ひくい おじいさんの 星です。

(1) ㋐〜㋕の 読み方を 書きなさい。【1つ3点・18点】

㋐(よぞら)　㋑(ひか)　㋒(ほし)
㋓(にく)　㋔(いろ)　㋕(たか)

(2) 星には どんな しゅるいが ありますか。三つ 書きなさい。【1つ5点・15点】

①(生まれた ばかりの 星)
②(大人の 星)
③(年を とった 古い 星)

(3) 星の 色を 見て、どんな ことが わかりますか。【10点】

(星の しゅるいや おんど)

(4) つぎの 色を した 星は どんな 星ですか。【1つ5点・10点】

① 青白い 星　(おんどの 高い わかい 星)
② 赤い 星　(おんどの ひくい おじいさんの 星)

ハイレベル

時間 15分　得点 /100

1 つぎの 文しょうを 読んで、後の もんだいに 答えなさい。

かまきりは すぐに なかまと けんかを するので、かう ときは かならず 一ぴきだけ はこに 入れます。秋に おなかの 大きい めすを つかまえて かうと、たまごを うむ ところも かんさつできます。夏の はじめには、たまごから 小さな よう虫が うまれます。

えさは できるだけ 生きて いる 虫を やりましょう。しんだ 虫を やる ときは、ピンセットなどで はさんで かまきりの 前で うごかします。水も わすれずに あたえます。

(1) この 文しょうは 何に ついて せつ明して いますか。一つ えらんで ○を つけなさい。【10点】

( )かまきりの とり方
(○)かまきりの かい方
( )かまきりの しゅるい

(2) なぜ はこには 一ぴきしか 入れないのですか。【10点】

(すぐに なかまと けんかを するから。)

(3) おなかの 大きい めすを つかまえると、何が かんさつできますか。【10点】

(たまごを うむ ところ)

(4) どんな えさを あたえるのが よいのですか。【10点】

(生きて いる 虫)

(5) えさの ほかに 何を あたえますか。【10点】

(水)

★きりんの 体の とくちょうから 考えます。

2 つぎの 文しょうを 読んで、後の もんだいに 答えなさい。

きりんは せが 高く、首と 足が 長い どうぶつです。アフリカの かわいた 草原に、小さな むれを つくって 生活して います。

食べものは おもに 木の はっぱや 草です。ほかの けものたちが とどかないような 高い 木の はっぱを、長くて よく まがる したで まきつけて とります。そのかわり、地めんに 生えて いる 草を 食べたり、水を のむ ときは たいへんです。足を 広げて、むりな しせいを しなければ ならないからです。

(1) きりんは どんな どうぶつですか。【10点】

(せが 高く、首と 足が 長い どうぶつ)

(2) きりんは どこに すんで いますか。【10点】

(アフリカの かわいた 草原)

(3) きりんは 何を 食べますか。【10点】

(木の はっぱや 草)

(4) ――線で、どんな ことを する ときが たいへんなのですか。二つ 書きなさい。【1つ5点・10点】

①(地めんに 生えて いる 草を 食べる とき)
②(水を のむ とき)

(5) ――線で、たいへんで ある わけを 書きなさい。【10点】

(足を 広げて、むりな しせいを しなければ ならないから。)

最高レベル

時間 20分　得点 /100

つぎの 文しょうを 読んで、後の もんだいに答えなさい。

★だんらくごとに、心ぞうの「とくちょう」「はたらき」「うごき方」を 読みとりましょう。

左の むねの 少し 下に、手の ひらを あててみましょう。何かが ぴくりぴくりと、きそく 正しく うごいて いるのが 分かります。これは ㋐心ぞうが うごいて いるのです。

心ぞうは きん肉で できて いる ふくろです。大きさは にぎりこぶしぐらい あります。手や 足の きん肉とは ちがって、ひとりでに ちぢんだり ふくらんだり します。そして、㋑体の 中に けつえきを おし出したり、すいこんだり するのです。

心ぞうが うごくのを やめて、けつえきが ながれなく なると、㋒人間は すぐに しんで しまいます。だから、生まれてから しぬまで、ねて いる ときも おきて いる ときも、心ぞうは 休まずに はたらき つづけて いるのです。

うれしい ことや 心ぱいな ことが あると むねが どきどきします。びょう気に なって ねつが 出たり した ときも、同じように 心ぞうが どきどきと はやく うちます。はんたいに、ねむって いる ときは ゆっくり うちます。このように、心ぞうが けつえきを おくる はやさは、場合によって ぜんぜん ちがってきます。

112

(1) この 文しょうは 何に ついて せつ明して いますか。一つ えらんで ○を つけなさい。【10点】

（　）むね　（　）けつえき　（○）心ぞう

(2) ㋐〜㋒の 読み方を 書きなさい。【1つ5点・15点】

㋐（しん）㋑（からだ）㋒（にんげん）

(3) 心ぞうは どのように うごいて いますか。【10点】

（（ぴくりぴくりと）きそく 正しく） うごいて いる。

(4) 心ぞうとは どんな ものですか。【10点】

（きん肉で できて いる ふくろ）

(5) その 大きさは どのくらいですか。【10点】

（にぎりこぶしぐらい）

(6) 心ぞうの きん肉が 手や 足の きん肉と ちがう ところを 書きなさい。【10点】

（ひとりでに ちぢんだり ふくらんだり する ところ）

(7) 心ぞうは どんな はたらきを して いますか。【10点】

（体の 中に けつえきを おし出したり、すいこんだり する。）

(8) 心ぞうが うごかなく なると、人間は どう なりますか。【10点】

（（けつえきが ながれなく なって）すぐに しんで しまう。）

(9) 心ぞうが はやく うつのは どんな ときですか。三つ 書きなさい。【1つ5点・15点】

（うれしい ことが ある とき）

（心ぱいな ことが ある とき）

（びょう気に なって ねつが 出たり した とき）

113

★三つ目の だんらくに 書いて あります。

ものがたり文を 読む

登場人物を明確にとらえ、その行動や会話などから気持ちが読みとれる力を身につける。また表現の面白さや状況の奇抜さから想像力を刺激し、物語について考える力を養う。

★「むねを はって」「きまっているよ」→「はずかしく なって」と つながります。

標準レベル

時間 10分　得点 /100

1 つぎの 文しょうを 読んで、後の もんだいに 答えなさい。

かえるの 村で ジャンプ大会が ひらかれる ことに なりました。村で いちばん 大きな かえるが、㋐むねを はって 言いました。

「ゆうしょうは ぼくに きまっているよ。」

ところが、ゆうしょうしたのは 村でも いちばん 小さな かえるでした。

大きな かえるは はずかしく なって、とんで 帰って しまいました。

(1) どこで 何が ひらかれましたか。【1つ10点・20点】

① どこで……（かえるの 村）

② 何が……（ジャンプ大会）

(2) ——線㋐の ことばから、どんな ことが わかりますか。一つ えらんで ○を つけなさい。【10点】

（ ）こわがって いる。

（ ）むねを たたいて いる。

（○）じしんが ある。

(3) ゆうしょうしたのは だれですか。【10点】

（村でも いちばん 小さな かえる）

(4) 大きな かえるは どうして はずかしく なったのですか。【10点】

（自分が ゆうしょうするに きまって いると 言ったのに、できなかったから。）

2 つぎの 文しょうを 読んで、後の もんだいに 答えなさい。

うさぎと りすと きつねが かくれんぼを する ことに なりました。

じゃんけんに まけた りすが おにに なりました。りすは 目を とじて、十まで 数えました。それから、大きな 声で、言いました。

「もう いいかい。」

はじめに、うさぎの 声が しました。つぎに きつねも、言いました。

「もう いいよ。」

りすは 目を あけると、森の 中を そろそろと 歩き出しました。森は とても くらくて しんと して います。みんなは なかなか 見つかりません。りすは だんだん さびしくなって きました。

(1) どんな どうぶつが 出て きましたか。出て きた どうぶつを 書きなさい。【1つ5点・15点】

（うさぎ）（りす）（きつね）

(2) 何を して あそぶ ことに なりましたか。【5点】

（かくれんぼ）

(3) りすは なぜ おにに なったのですか。【5点】

（じゃんけんに まけたから。）

(4) はじめに 「もう いいよ。」と 言ったのは だれですか。【5点】

（うさぎ）

(5) 森の 中は どんな ようすでしたか。【10点】

（とても くらくて しんと して いた。）

(6) ——線で りすは なぜ さびしくなって きたのですか。【10点】

（みんなが なかなか 見つからないから）

★(3)ポチが したことに 線を 引いてみましょう。

ハイレベル

時間 15分　得点 /100

1 つぎの 文しょうを 読んで、後の もんだいに 答えなさい。

「ポチ、あぶないよ。」

ポチは たろうの うでの 中から ぬけ出すと、川に とびこみました。

川の 中には、子ねこの 入った はこが ぷかぷかと ういて いました。ポチは その はこの はしっこを くわえると、たろうが まって いる ほうへ およぎ出しました。

「りこうな 犬だね。」

ちょうど 川の そばを 通りかかった おじさんが 言いました。

子ねこは はこの 中で ふるえながら、ニャーニャーと 鳴いて いました。

(1) この 文しょうに 出て くる どうぶつを 書きなさい。【1つ5点・10点】

（犬）（ねこ）

(2) ——線は だれが 言った ことばですか。一つ えらんで ○を つけなさい。【10点】

（○）たろう　（ ）子ねこ

（ ）おじさん

(3) ポチが した じゅんに 番ごうを つけなさい。【1つ5点・20点】

（2）川へ とびこんだ。

（3）はこを くわえた。

（1）うでの 中から ぬけ出した。

（4）たろうが まって いる ほうへ およぎ出した。

(4) 子ねこは はこの 中で どうして いましたか。【10点】

（ふるえながら、ニャーニャーと 鳴いて いた。）

2 つぎの 文しょうを 読んで、後の もんだいに 答えなさい。

「おなかが すいたよう。」

と ミケが のり子に 言いました。

「お母さん、ミケに ごはんを あげて。」

のり子が おねがいすると、お母さんは、

「さっき あげた ばかりでしょう。」

と わらいながら 言いました。

㋐「でもね、ミケが おなか すいたって いうの。」

お母さんは ふしぎそうな 顔を して、

「ミケが おしゃべり するの？」

と のり子に たずねました。

㋑「ねこは 人間の ことばを 話したり しないものよ。」

「でも……。」のり子は ぷうっと ほっぺたを ふくらませました。

(1) この 文しょうに 出て くる どうぶつを 書きなさい。【5点】

（ねこ）

(2) ——線㋐と ㋑は、それぞれ だれが 言った ことばですか。【1つ10点・20点】

㋐（のり子）

㋑（お母さん）

(3) のり子は なぜ お母さんに ミケの ごはんを おねがいしたのですか。【15点】

（「おなかが すいたよう。」と ミケが 言ったから。）

(4) 「ぷうっと ほっぺたを ふくらませました。」と いう ことばから、どんな ようすが わかりますか。一つ えらんで ○を つけなさい。【10点】

（ ）わらって いる。

（○）おこって いる。

（ ）ないて いる。

★かずおと カンガルーの やりとりから気もちを 考えましょう。

最高レベル

時間 20分　得点 /100

1 つぎの 文しょうを 読んで、後の もんだいに 答えなさい。

げんかんの ドアを あけると、㋐そこには 一ぴきの カンガルーが 立って いました。

「こんにちは。」

ぴょこんと 頭を 下げて、カンガルーが 言いました。

「こんにちは。」

かずおも ぺこんと 頭を 下げました。カンガルーは おなかの ポケットから 一まいの 地図を とり出して 言いました。

「あなたが 南町二ちょう目に すんで いる 池田かずおさんですね。」

かずおは 目を まん丸にして、そこに 立って いる カンガルーの 頭の てっぺんから 足の 先まで じっと 見ました。そして、

(1) げんかんの ドアを あけたのは だれですか。【10点】

（（池田）かずお）

(2) ―線㋐は どこの ことですか。どちらかに ○を つけなさい。【10点】

（○）ドアの 外

（　）へやの 中

(3) カンガルーは おなかの ポケットから どんな ものを とり出しましたか。二つ 書きなさい。【1つ10点・20点】

（（一まいの） 地図）

（ハンカチ）

(4) かずおは どこに すんで いるのですか。【10点】

（南町二ちょう目）

なぜ こんな ところへ やって きたのだろうと 思いました。

「かずおさんですよね。」

カンガルーが もう 一回 たずねました。

「あっ、はい。ぼくです。」

かずおは あわてて 答えました。

「ああ、よかった。やっと 見つかった。」

こんどは ポケットから ハンカチを 出して あせを ふきながら、カンガルーは うれしそうに 言いました。

「じつは わたし、どうぶつの 国の 王さまから、白い 馬を さがして くるように 言いつけられたのです。南町に すむ かずおさんは、ゆう気の ある 人だと うわさに 聞いたので、ぜひ 手つだって もらおうと、はるばる ここまで 来ました。」

カンガルーは かずおの 手を ぐいっと 引っぱって 言いました。

「手つだって くれますね。」

(5) かずおは カンガルーを 見て、どんな ことを 思いましたか。【10点】

（なぜ こんな ところへ やって きたのだろう。）

(6) カンガルーが 言った ことばの 中で、ほっと した 気もちが よく あらわれて いる ものを 一つ 書き出しなさい。【10点】

（「ああ、よかった。やっと 見つかった。」）

(7) カンガルーは だれに 何を 言いつけられたのですか。【1つ10点・20点】

① だれに…（どうぶつの 国の 王さま）

② 何を……（白い 馬を さがして くること）

(8) カンガルーは なぜ かずおを たずねて きたのですか。【10点】

（（南町に すむ かずおは、）ゆう気の ある 人だと うわさに 聞いたので、ぜひ 手つだって もらうため。）

★「おもしろくない」→「うれしくなって」と気もちが かわって います。

リビューテスト⑥

時間 10分　得点 /100

1 つぎの 文しょうを 読んで、後の もんだいに 答えなさい。

今日は 学校で 朝れいが ありました。朝の 体そうが すむと、みんなで 草むしりを する ことに なりました。ぼくの クラスは、花だんの まわりの 草むしりです。ぼくと 竹本くんは、㋐おもしろくないなあ と 言いながら、いやいや むしって いました。でも、草が なくなるたびに 花だんが きれいに なって いくのを 見て いると、だんだん ㋑うれしくなって きました。そして、竹本くんと きょうそうするように、たくさんの 草を むしりました。

(1) ぼくは、いつ どこで 何を しましたか。【15点】

① いつ……（朝の 体そうの あと）

② どこで…（花だんの まわり）

③ 何を……（草むしり）

(2) ―線㋐と 言ったのは、だれですか。【5点】

（ぼくと 竹本くん）

(3) ―線㋐で、何が「おもしろくない」のですか。【5点】

（草むしり）

(4) ―線㋑で、なぜ「うれしく」なったのですか。【10点】

（（草が なくなるたびに） 花だんが きれいに なって いくから。）

(5) ぼくが した じゅんに 番ごうを つけなさい。【15点】

（2）いやいや 草むしりを した。

（1）朝の 体そうを した。

（3）竹本くんと きょうそうした。

2 つぎの 文しょうを 読んで、後の もんだいに 答えなさい。

一頭の 白い 馬が、森の 入り口で 休んで いるのが 見えました。

カンガルーは あわてて ポケットから しゃしんを とり出すと、㋐見くらべました。

「㋑まちがい ありません。どちらも 耳の ところに 金色の 星の しるしが ついて います。かずおさん、王さまが さがして いるのは あの 馬ですよ。」

「よしっ。それなら つかまえよう。」

かずおは、カンガルーと 手を つないで、森の 近くまで 歩いて いきました。白い 馬は、かずおたちが 近づいて くるのも 知らないで、おいしそうに 草を 食べて います。

(1) 白い 馬は どこに いますか。【10点】

（森の 入り口）

(2) ―線㋐で、しゃしんと 何を 見くらべたのですか。【10点】

（（一頭の） 白い 馬）

(3) ―線㋑で、何に まちがいないのですか。【10点】

（王さまが さがして いる 馬）

(4) それは 何で 分かりましたか。【10点】

（耳の ところに ついて いる 金色の 星の しるし）

(5) カンガルーの ことばを 聞くと、かずおは どうしましたか。【10点】

（（白い 馬を つかまえる ために） カンガルーと 手を つないで、森の 近くまで 歩いて いった。）

★だれが どんな ことを したのかを じゅんに たどって いきましょう。

大切な ところを 読みとる (1)

長い文章から情景や状況を読みとり、だれがどのような行動をとったか、だれが何を伝えているか、またはだれがどんなことについて観察しているかを正しく答えられる力を養う。

標準レベル

時間 10分　得点 /100

■ つぎの 文しょうを 読んで、後の もんだいに 答えなさい。

「きょうは よい お天気ね。ⓐみんなでおべんとうを もって、ハイキングに 行きましょう。」
と お母さんが 言いました。
四月の あたたかい ㋐日曜日の ことです。
「★」
と お父さんも 言いました。
わたしと 弟は とび上がって よろこびました。
「ばんざい。」
「それじゃあ、おにぎりを ㋑作りましょう。」

と 言って、お母さんが ㋒台どころへ 行きました。わたしも お手つだいを しようと 後ろに ついて いきました。
ほかほかに たいた ごはんを 水で ぬらして、りょう手で ぎゅっぎゅっと にぎります。弟は テーブルの はしで、おいしそうな おにぎりが できるのを じっと 見て いました。
ぜんぶ でき上がると、大きな バスケットに おにぎりを 入れました。ほかに おせんべいや りんご、㋓お茶の 入った 水とうも つめこみました。
「おーい、できたかい。」
と お父さんが ようすを 見に 台どころへ やって きました。
ⓘ「はい、できましたよ。」
お母さんが、バスケットを お父さんに わたしながら 言いました。

(1) ㋐〜㋓の 読み方を 書きなさい。【1つ5点・20点】
㋐（にちようび）　㋑（つく）
㋒（だい）　㋓（ちゃ）

(2) いつの 話ですか。【10点】
（四月の あたたかい 日曜日）

(3) 〰〰線ⓐは だれの ことですか。【10点】
（お父さん お母さん わたし・弟）

(4) ★に 入る ことばを えらんで ○を つけなさい。【10点】
（　）それは いやだよ。
（○）それは いいね。
（　）それは だめだよ。

(5) お母さんは なぜ 台どころへ 行ったのですか。【10点】
（おにぎり（おべんとう）を 作るため。）

(6) わたしは なぜ 後ろに ついて 行ったのですか。【10点】
（お母さんの お手つだいを するため。）

(7) その 間、弟は どうして いましたか。【10点】
（テーブルの はしで、おにぎりが できるのを じっと 見て いた。）

(8) 〰〰線ⓘで、何が できたのですか。【10点】
（おべんとう（おにぎり））

(9) バスケットの 中に つめこんだ ものを ぜんぶ 書きなさい。【10点】
（おにぎり・おせんべい りんご・水とう）

★(8)①は、のぶおくんが 手紙を 書いた いきさつから 考えましょう。

ハイレベル

時間 15分　得点 /100

■ つぎの 手紙を 読んで、後の もんだいに 答えなさい。

ゆういちくん、お元気ですか。
きみが たいいんしてから 三日後に、ぼくも たいいんする ことが できました。もう 右足の ほねも ぴったり くっついたみたいです。つえを ついて、学校へも 行って います。きみの ほうは どうですか。ぼくと はんたいの 左足、もう じょうぶに なりましたか。
同じ 日に 入いんしたのに、ゆういちくんの ほうが 先に たいいんしたので、
「のぶちゃんの 足、がんこだね。」
と お母さんに わらわれて しまいました。
三日間、となりの ベッドに きみが いなくて、とても たいくつでした。ぼくも 早く 歩けるように なりたいと 思って いました。
けんこうって 本当に 大切なんだなあと 思います。もう ぜったい 入いんなんか したくないです。ゆういちくんも たぶん ぼくと ㋐同じ ことを 考えて いると 思います。
こんどは 元気な 顔で きみに 会いたいです。㋑やくそくどおり、春休みに なったら、きみの すんで いる 町へ 行きます。いっしょに キャッチボールを して あそびましょう。
手紙も 書いて くださいね。
それでは さようなら。
二月三日
東山のぶお
竹田ゆういちくんへ

(1) この 手紙は だれから だれに 書いたものですか。【1つ5点・10点】
（東山のぶお）から
（竹田ゆういち）に 書いた。

(2) この 手紙を 書いた 人と もらった 人には、どんな つながりが ありますか。○を つけなさい。【10点】
（　）きょうだい
（　）同じ 学校の 友だち
（○）ちがう 町に すんで いる 友だち

(3) この 手紙を 書いた 人は、どこを けがして 入いんしたのですか。【10点】
（右足（の ほね））

(4) どちらが 先に たいいんしましたか。名前を 書きなさい。【10点】
（竹田ゆういち）

(5) お母さんに わらわれたのは だれですか。【10点】
（東山のぶお）

(6) なぜ わらわれたのですか。【10点】
（同じ 日に 入いんしたのに、ゆういちくんの ほうが 先に たいいん したので。）

(7) ──線㋐で、「同じ ことを 考えて いる」と ありますが、それは どんな ことですか。【20点】
（けんこうは 本当に 大切だ。もう ぜったい 入いんなんか したくない。）

(8) ──線㋑で、二人は、いつ、どんな やくそくを したと 思いますか。【1つ10点・20点】
① いつ（入いんして いた とき）
② どんな（春休みに のぶおくんが ゆういちくんの すんでいる 町へ 行く。）

最高レベル

時間 20分　得点 ／100

つぎの 文しょうを 読んで、後の もんだいに 答えなさい。

★「〜のよう」「〜みたいに」は、たとえる 言い方です。

火曜日の 朝、長山くんが 子ねこを かばんの 中に 入れて、教室に やって きました。

「お寺の そばで ひろったんだ。」

と とくいそうに 言いました。みんなは、長山くんの つくえの まわりに あつまって きました。

子ねこは ぜんたいに 白くて、ところどころに 黒い もようが ついて いました。まるで 小さな 牛のようです。どんぐりみたいな 丸い 目を して いました。

㋐「しっぽが 少し まがって いるね。」

かずえさんが 子ねこの 頭を なでながら 言いました。

「本当だ、いたくないのかなあ。」

わたしたちは 心ぱいそうに 子ねこを のぞきこみました。よく 見ると しっぽは まん中で 少し よこに まがって います。

「だいじょうぶだよ。」

長山くんは かずえさんから 子ねこを うけとると、だいじそうに かかえました。のどの 下を なでると、子ねこは 気もちよさそうに ゴロゴロと のどを 鳴らしました。そして、目を 糸のように 細く しました。

そのとき、チャイムが 鳴りました。長山くんは 先生に 見つからないように、子ねこを かばんの 中に しまいました。ニャオーンと さみしそうな 鳴き声が 教室中に ひびきました。

★みなさんは この後、子ねこが 先生に 見つかったと 思いますか。

(1) いつ だれが 何を どこへ もって きた 話ですか。【1つ5点・20点】

いつ……（火曜日の 朝）

だれが……（長山くん）

何を……（子ねこ）

どこへ……（教室）

(2) 子ねこは どこで ひろったのですか。【10点】

（お寺の そば）

(3) クラスの みんなは、なぜ 長山くんの つくえの まわりに あつまって きたのですか。【10点】

（子ねこを 見たいから。(子ねこを 見るため)）

(4) 子ねこは どんな どうぶつのようだと 書いて ありますか。【10点】

（小さな 牛）

(5) それは なぜですか。【10点】

（ぜんたいに 白くて、ところどころに 黒い もようが ついて いるから。）

(6) ——線㋐と 言ったのは だれですか。【10点】

（かずえさん）

(7) □に 入る ことばを ㋐〜㋓の 中から えらんで 記ごうで 書きなさい。【1つ10点・20点】

① ［㋓］みたいな 丸い 目

② 目を ［㋑］のように 細く した。

㋐ 紙　㋑ 糸　㋒ しっぽ　㋓ どんぐり

(8) 長山くんは なぜ 子ねこを かばんの 中に しまったのですか。【10点】

（先生に 見つからないように するため。）

★ざりがにつりの「どうぐ」・「つり方」→「つれたざりがに」と 話は うつります。

大切な ところを 読みとる (2)

標準レベル

長い文章を順序正しく読みすすめながら、どこで何が行われたか、だれが何を説明しているかを答えられる力をつける。また長い物語文については、登場人物の行動や心の動きまでを正確に読みとれる力を養う。

時間 10分　得点 /100

つぎの 文しょうを 読んで、後の もんだいに 答えなさい。

お父さんと 二人で ざりがにつりに 行く ことに なりました。場しょは 学校の うらに ある 池です。自てん車に えさと、バケツと、つりざおに する ぼうを つんで 出ぱつしました。

お父さんは ポケットの 中に、たこ糸と くぎを 二本 もって いました。「くぎなんか どうするの。」と、ぼくが たずねると、たこ糸の 先に つけて、おもりに するんだと 教えて くれました。えさは にぼしです。

「本当は とり肉の かわや、生の 魚の ほうが よく つれるんだけどね。」

お父さんは なんでも 知って います。子どもの ころに、よく ざりがにつりを したからだ そうです。

つりざおを 池に むけて さし出すと、おもりの ついた 糸が ゆっくり 水の 中へ しずんで いきました。しばらく すると、糸が 引っぱられるような かんじが したので、「お父さん。」と よびました。つりざおを 引き上げると、大きな ざりがにが ぶらさがって いました。

「やった、つれたよ。」

ざりがには 太くて 大きな はさみを もって います。おなかに ついて いる 足も 少ないので、

「これは おすの ざりがにだね。」と お父さんが 言いました。そして、上の ほうから そっと つかんで、バケツの 中に 入れて くれました。

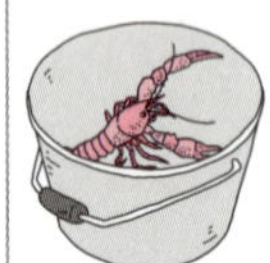

(1) だれと どこで 何を した ときの 話ですか。【1つ5点・15点】

① だれと…（お父さん）

② どこで…（学校の うらに ある 池）

③ 何を……（ざりがにつり）

(2) もって いった ものを、自てん車に つんだ ものと、お父さんの ポケットに 入れた ものとに 分けて 書きなさい。【1つ10点・20点】

① 自てん車に つんだ もの（えさ・バケツ・つりざおに する ぼう）

② お父さんの ポケットに 入れた もの（たこ糸・くぎ(二本)）

(3) つぎの ものには、何を つかいましたか。【1つ10点・20点】

えさ→（にぼし）　おもり→（くぎ）

(4) お父さんは なぜ なんでも 知って いるのですか。【15点】

（子どもの ころに よく ざりがにつりを したから。）

(5) ——線で、なぜ 「お父さん。」と よんだのですか。よい ほうに ○を つけなさい。【15点】

（○）つれたと 思ったから。

（　）なかなか つれないから。

(6) つり上げた ざりがには なぜ おすだと 分かったのですか。【15点】

（太くて 大きな はさみを もっていて、おなかに ついている 足も 少なかったから。）

★みつばちの しゅるいごとに、その「やくわり」を読みとりましょう。

ハイレベル

時間 15分　得点 /100

つぎの 文しょうを 読んで、後の もんだいに 答えなさい。

こん虫の 中で、なかまと いっしょに 生活する ものには みつばちが います。たった 一ぴきの 女王ばち、数百ぴきの おすばち、そして、四万から 七万びきもの はたらきばちが それぞれの しごとを しながら、いっしょに 生活して いるのです。

中でも はたらきばちは 生まれてからの 日にちで、その しごとが かわります。生まれて すぐには、まず すの そうじを します。三日ほど たつと、よう虫に えさを あたえはじめます。一週間か 十日ほど たつと、こんどは 女王ばちの せわを します。二週間と 少し たつと、すを 大きく したり、こわれた ところを 直したり します。三週間ほどで すの 入り口へ 行き 見はり番を して、それから やっと 外へ 出て、花ふんや みつを あつめる しごとを するのです。

女王ばちは 五月から 六月に かけて たくさんの たまごを うみます。その㋐数は 一年に 二十万こぐらいと いわれて います。女王ばちの しごとは たまごを うみつづける ことだけです。はたらきばちに 食べものを 食べさせて もらいながら、一生 くらします。その かわり、すの 中に 新しい 女王ばちが 生まれると、前から いた 女王ばちは 出て いかなければ なりません。その㋑とき、はたらきばちも 半分くらい いっしょに 出て いきます。そして、新しく すを 作り いっしょに 生活を します。

(1) みつばちは どんな こん虫ですか。【10点】

（なかまと いっしょに 生活する こん虫）

(2) みつばちの しゅるいを 三つ 書きなさい。また、それぞれの 数も 書きなさい。【1つ10点・30点】

	しゅるい	数
①	女王ばち	一ぴき
②	おすばち	数百ぴき
③	はたらきばち	四万から七万びき

(3) はたらきばちの しごとは 何に よって かわりますか。【8点】

（生まれてからの 日にち）

(4) はたらきばちが しごとを する じゅんに 番ごうを つけなさい。【1つ4点・24点】

（2）よう虫に えさを あたえる。

（4）すを 大きくしたり、こわれた ところを 直したり する。

（6）外へ 出て、花ふんや みつを あつめる。

（3）女王ばちの せわを する。

（5）すの 入り口へ 行き、見はり番を する。

（1）すの そうじを する。

(5) 女王ばちの しごとは 何ですか。【8点】

（たまごを うみつづける こと）

(6) ——線㋐に、「その 数」と ありますが、それは 何の 数ですか。【10点】

（(女王ばちが)たまご(うむ)）

(7) ——線㋑に、「その とき」と ありますが、それは どんな ときですか。【10点】

（前から いた 女王ばちが 出て いくとき）

最高レベル

時間 20分　得点 ／100

つぎの 文しょうを 読んで、後の もんだいに 答えなさい。

★人と 人の やりとりを しっかり 読みとりましょう。

まさゆきくんの 家で、クリスマス会を することに なりました。

ぼくは、お母さんが 作って くれた ケーキを もって 行きました。まさゆきくんの お母さんが、

「ひろしくん、（㋐）。」

と 言って うけとって くれました。

まさゆきくんの 家には、ほかに たかしくん、あきおくん、ゆき子さん、みよ子さんが きて いました。みんな 同じ 二組の 友だちです。

テーブルの 上に いっぱい ならんだ ごちそうを 食べながら、みんなで なぞなぞや ゲームを して あそびました。

なぞなぞは あきおくんが いちばん たくさん 知って いました。おばあちゃんに なぞなぞの もんだいを よく 教えて もらうそうです。

ゆき子さんは、

「あきおくんが 出すのは むずかしいわ。」

と 言って、ケーキも 食べずに いっしょうけんめい 考えて いました。

へやの 中には オルガンが あったので、みよ子さんが 「きよしこの夜」を ひきました。

オルガンの （㋑）に 合わせて、みんなで いろいろな クリスマスの 歌を 歌いました。

(1) どこで 何を する ことに なりましたか。【1つ5点・10点】

① どこで…（まさゆきくんの 家）

② 何を……（クリスマス会）

(2) まさゆきくんの お母さんは、何を うけとって くれたのですか。【10点】

（ひろしくんの お母さんが 作って くれた ケーキ（ぼくが もっていった ケーキ））

(3) （㋐）と（㋑）に 入る ことばを それぞれ 自分で 考えて 書きなさい。【1つ10点・20点】

（㋐）……→（ありがとう（おれいの ことば））

（㋑）……→（音（ばんそう））

(4) ゆき子さんは なぜ ケーキを 食べなかったのですか。【10点】

（なぞなぞ（の 答え）を 考えるのに いっしょうけんめい だったから。）

(5) まさゆきくんの 家に あつまった 人の 名前を 書きなさい。【1つ2点・10点】

（ひろし）（たかし）（あきお）（ゆき子）（みよ子）

(6) みんなは どんな 知り合いですか。【10点】

（（同じ） 二組の 友だち）

(7) どんな ことを して あそびましたか。【10点】

（なぞなぞや ゲーム）

(8) あきおくんは なぜ いちばん たくさん なぞなぞを 知って いたのですか。【10点】

（おばあちゃんに なぞなぞの もんだいを よく 教えてもらうから。）

(9) ゆき子さんは 何が 「むずかしいわ。」と 言ったのですか。【10点】

（あきおくんが 出す なぞなぞ）

リビューテスト 7

時間 10分　得点 ／100

つぎの 文しょうを 読んで、後の もんだいに 答えなさい。

★それぞれの 気もちの うつりかわりを 読みとりましょう。

㋐妹の ㋑通って いる ようちえんでは 年に ㋒二回、はっぴょう会の 日が あります。この 前の 日曜日は その 日だったので、お母さんや お父さんと いっしょに 見に いきました。

妹の ㋓組は、白雪ひめの げきを する ことに なって います。

「さくら組の げきは まだなのかな。」

と、お父さんが カメラを もったまま お母さんに たずねました。

「たぶん、ゆり組の つぎでしょう。」

お母さんは おちついて 答えました。

わたしは むねが どきどきして きました。妹が きちんと げきを する ことが できるかどうか ㋔心ぱいだったからです。それに、妹が 何の やくで 出て くるのかも、まだ ㋕知りませんでした。

やがて、さくら組の げきが はじまりました。白雪ひめの 女の子が なき出しそうな ㋖顔で 出て きました。いじわるな おきさきさまの 女の子は、ゆっくりと 大きな ㋗声で、せりふを 言いました。妹は まだ 出てきません。

「なお子は まだか。」

お父さんが 心ぱいそうに 言いました。

しばらくすると、ぶたいの 上に 七人の 小人が 出てきました。妹は、「ハイホー、ハイホー。」と 歌いながら 小人の ダンスを おどりました。いちばん 小さい せいか、七番目の 小人の やくでした。

ダンスが とても かわいかったので、見て いる 人たちが はく手を しました。

(1) ㋐〜㋗の 読み方を 書きなさい。【1つ4点・32点】

㋐（いもうと）　㋑（かよ）

㋒（かい）　㋓（くみ）

㋔（しん）　㋕（し）

㋖（かお）　㋗（こえ）

(2) いつ、何が ありましたか。【1つ5点・10点】

① いつ……（この 前の 日曜日）

② 何が……（（ようちえんの）はっぴょう会）

(3) 〜〜線の 「その 日」とは、何の 日ですか。【8点】

（妹の 通って いる ようちえん）で（はっぴょう会）が ある 日。

(4) 妹の 組の 名前を 書きなさい。【10点】

（さくら組）

(5) 妹の 名前を 書きなさい。【10点】

（なお子）

(6) 妹は 何の げきに、どんな やくで 出て きましたか。【1つ5点・10点】

① げき……（白雪ひめ）

② やく……（七番目の 小人）

(7) お父さんの 心ぱいそうな 気もちが いちばん よく あらわれて いる ことばを 書き出しなさい。【10点】

（「なお子は まだか。」）

(8) ══線で、見て いる 人たちは なぜ はく手を したのですか。【10点】

（小人の ダンスが、とても かわいかったから。）

長文読解 (1)

最高レベル

長い文章から何を説明しているのかを読みとったり、文中の「こそあどことば」が何を指しているのかを正確に答えられたりする力を身につける。また長い記録文を順序良く読みながら、作者の行動が追えるようにする。

時間 40分

得点 /100

1 つぎの 文しょうを 読んで、後の もんだいに 答えなさい。

★この 文しょうは、ねこの 「れきし」「しゅるい」「かい方」に ついて 書いて います。

ねこが 人間に かわれるように なったのは、今から およそ 四千年いじょうも 前だと いわれて います。日本で ペットと して かわれるように なったのは 千年ほど 前からのようです。

ねこには たくさんの しゅるいが ありますが、日本で よく 見られるのは、小さくて 毛の みじかい にほんねこか、毛の 長い ペルシャねこです。ペルシャねこは アンゴラねことも よばれ、毛の 色が 黒い ものも いますが、だいたい 白が 多いようです。また、家の 中で かわれて いる ねこは 家ねこ とも よばれて います。

ねこも、小さい うちから かう 場合は、犬と 同じように 首わを つけて かう ことが できます。一日に 一回 さんぽに つれていけば、じゅうぶん うんどうを させて やることも できますし、ひろい 食いや、交通じこも ふせげます。

手入れと しては、毎日 かならず ブラシを かけて やりましょう。★ 春と 秋の 毛の ぬけかわる きせつには ていねいに かけましょう。㋐そう する ことに よって、のみが つくのを ふせぎます。体が ひどく よごれて いる ときには、おゆや 水を つかって あらって やります。あらった あとは、かわいた タオルで よく ふき、ドライヤーなどで かわかします。

えさを あたえる ときには えいようが かたよらない ことや くさりにくい えさを えらぶ こと、それから、水気の 多い えさよりも、かわいた えさを このんで 食べるので、それらの ことを 考えて ㋑あたえる ことが 大切です。

ねこを かって いて、いちばん なやまされるのは、家の 中の たんすや はしらで つめとぎを される ことでしょう。しかし、つめを とぐという ことは ねこに とっては とても 大切なので、㋒これを ふせぐためには つめとぎ用の いたを 買って あたえるしか ありません。

(1) ねこが 人間に かわれるように なったのは 今から どれぐらい 前ですか。【4点】

（ およそ 四千年いじょう(も) 前 ）

(2) 日本で ペットとして かわれるように なったのは、今から どれぐらい 前ですか。【4点】

（ 千年ほど 前 ）

(3) 日本で よく 見られる ねこの しゅるいを 二つ 書きなさい。【1つ3点・6点】

① （ にほんねこ ）

② （ ペルシャねこ ）

(4) 家ねこ とは、どんな ねこですか。【4点】

（ 家の 中で かわれて いる ねこ ）

(5) 首わを つけて かう ことが できるのは、どんな 場合ですか。【4点】

（ 小さい うちから かう 場合 ）

(6) ★ に 入る ことばを、つぎの 中から 一つ えらんで、○を つけなさい。【4点】

（ ）あまり

（ ）まるで

（○）とくに

(7) ——線㋐の、「そう する ことに よって」とは、どう する ことですか。【4点】

（ 毎日 かならず ブラシを かけて やる こと ）

(8) 家ねこに えさを あたえる ときには、どんな ことを 考える ことが 大切ですか。三つ 書きなさい。【1つ4点・12点】

① （ えいようが かたよらない こと ）

② （ くさりにくい えさを えらぶ こと ）

③ （ (水気の 多い えさよりも、) かわいた えさを このんで 食べる こと ）

(9) ——線㋑は、何を 「あたえる」のですか。【4点】

（ えさ ）

(10) ——線㋒の 「これ」とは、何ですか。【4点】

（ 家の 中の たんすや はしらで つめとぎを される こと ）

★(6)は、「体いくかんの 前には、人が たくさん〜」や「いっぱい いすが ならんで〜」から 考えましょう。

2 つぎの 文しょうを 読んで、後の もんだいに 答えなさい。

十月十日、ひろ子ちゃんが 入って いる 合しょうだんの はっぴょう会が、中学校の 体いくかんで ありました。二しゅう間くらい 前から、

「ぜったい ㋐来てね。」

と さそわれて いたので、妹を つれて いく ことに しました。

二時に つくと、体いくかんの 前には 人が たくさん あつまって いました。

「㋑ここで スリッパに はきかえて ください。」

と いう 声が 聞こえたので、入り口の ところで じゅん番に ならんで くつを ぬぎました。くつは ビニールの ふくろに 入れて、手に もたなければ なりません。㋒妹の 分も いっしょに もって あげました。

中に 入ると、体いくかん いっぱいに、いすが ならんで いました。なるべく ぶたいの 近くへ 行こうと、妹の 手を 引きました。その ほうが ひろ子ちゃんの 顔を よく 見る ことが できると 思ったからです。ちょうど 前から 三番目に いすが 二つ 空いて いたので、そこに すわる ことに しました。

それから 十分くらい して、ぶたいの まくが あきました。青い ワンピースと 白い ぼうしの せいふくを きた 人たちが ★ と ならんで います。青い ズボンを はいた 男の子も 何人か いました。ひろ子ちゃんは、ひくい 声で 歌うので、いちばん 左はしの ところに 立って います。いつもは ☆ して いる ひろ子ちゃんが 少し こわい 顔を して いたので、きんちょうして いるのかなあと 思いました。

はじめの 歌は「もみじ」でした。わたしの すきな 歌なので、うれしく なりました。まわりの 人に 聞こえないように、わたしも 小さな 声で いっしょに 歌いました。

つぎに、学校で ならった ことの ある 歌が、二つ つづきました。でも、高い 声と ひくい 声が 合わさって、とても きれいに 聞こえました。ひろ子ちゃんも 口を 大きく あけて、しんけんな 顔で 歌って います。

さい後の 歌が おわると、体いくかんに いた 人たちは みんな 手を たたきました。わたしも 力いっぱい ㋓たたきました。妹は、おじぎを して いる ひろ子ちゃんたちを 見て、

「わたしも 合しょうだんに 入りたいな。」

と 言いました。

(1) ——線㋐で、何に「来てね。」と さそわれて いたのですか。【5点】

（ 合しょうだんの はっぴょう会 ）

(2) 体いくかんの 中は どんな ようすでしたか。どちらかに ○を つけなさい。【5点】

（ ）あまり 人が いない。

（○）たくさんの 人が いる。

(3) だれに さそわれたのですか。【5点】

（ ひろ子ちゃん ）

(4) だれと 行きましたか。【5点】

（ 妹 ）

(5) ——線㋑の「ここ」とは どこの ことですか。【5点】

（ 体いくかんの 入り口 ）

(6) ——線㋒で、「妹の 分」の 何を もって あげたのですか。【5点】

（ くつが 入った ビニールの ふくろ ）

(7) ★ に 入る ことばを つぎの 中から 一つ えらび ○を つけなさい。【5点】

（ ）ころり （ ）そろり （○）ずらり

(8) ☆ に 入る ことばを つぎの 中から 一つ えらび ○を つけなさい。【5点】

（ ）がさがさ

（○）にこにこ

（ ）ふらふら

(9) ——線㋓で、「たたきました」と ありますが、何を たたいたのですか。また、なぜ たたいたのですか。【1つ5点・10点】

① 何を……（ 手 ）

② なぜ……（ (はっぴょう会が) 歌が よかったから。(上手だったから など) ）

長文読解 (2)

最高レベル

物語の情景や、その物語の持つ不思議なイメージを読みとり、正しく理解できる力を養う。また登場人物の心の揺れ動きなどを深いところまで読みとり、設問に正確に答えられる力を身につける。

時間 40分　得点 /100

★(10)は、みゆきと　女の子の　いちから　考えましょう。

1 つぎの　文しょうを　読んで、後の　もんだいに　答えなさい。

雨は　なかなか　やみそうに　ありません。それどころか、だんだん　ひどく　なってきて　いるようです。かたい　地めんに　はねかえって、くつの　先から　ひざこぞうまで　しめらせます。

「さっきまでは　あんなに　いい　お天気だったのに。」←㋐

パンやの　前で　雨やどりを　しながら、みゆきは　㋐空を　にらみました。そして、もって　いた　紙の　ふくろを　しっかりと　かかえなおしました。この　中には、りかちゃんの　家で　かりてきたばかりの　本が　二さつ　入って　いるのです。㋑ここから　みゆきの　家までは　走っても　十分くらい　かかります。かけっこは　とくいな　みゆきですが、この　雨の　中では　だいじな　本を　ぬらして　しまいます。

「こまったなあ。」

と、みゆきは　大きな　ためいきを　つきました。

そこへ　赤い　かさを　さした　女の子が　通りかかりました。女の子は　こまった　顔で　雨やどりを　して　いる　みゆきの　そばまで　来ると、にっこり　わらいました。

女の子は、みゆきよりも　一つか　二つ　年下に　見えました。長い　かみの　毛を　まん中で　分けて　二つに　むすんで　います。みゆきが　何か　話しかけようと　すると、女の子は　左手に　もって　いた　青い　かさを　さし出しました。

「どうぞ。」←㋑

雨つぶが　かさに　当たって　たいこのような　音を　たてました。

㋒「どうぞ、つかって　ください。」

と、みゆきよりも　小さな　女の子は　言いました。みゆきは、さし出された　青い　かさと　女の子を　じゅん番に　見ながら、たずねました。

「でも、だれかを　むかえに　行く　ところだったんじゃないの。」

「いいえ。」←㋒

女の子は　くびを　ふりました。

「□かさは　今日だけ　みゆきさんの　ものです。明日に　なったら、また　どこかで　雨やどりを　して　いる　人に、この　かさを　わたして　ください。」

女の子は　それだけ　言うと、みゆきに　青い　かさを　わたして、どこかへ　行って　しまいました。

(1) 雨は　どれぐらい　強く　ふって　いますか。どちらかに　○を　つけなさい。【5点】

(　) パラパラと　少し

(○) ザーザーと　たくさん

(2) みゆきは　どこへ　行く　ところだったのですか。どちらかに　○を　つけなさい。【4点】

(○) みゆきの　家

(　) りかちゃんの　家

(3) みゆきは　何を　もって　いますか。【5点】

（紙の　ふくろ）

(4) (3)の　答えの　中には、何が　入って　いますか。【5点】

（本(本が　二さつ)）

(5) ——線㋐の　「空を　にらみました」から、どんな　気もちで　いる　ことが　わかりますか。いちばん　近い　ものに　○を　つけなさい。【4点】

(　) よろこんで　いる。

(　) たのしんで　いる。

(　) かなしんで　いる。

(○) うらんで　いる。

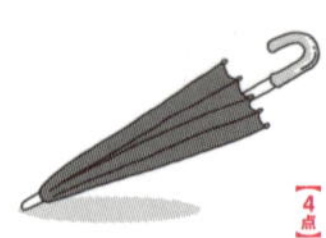

(6) ——線㋑の　「ここ」とは、どこですか。【5点】

（パンやの　前）

(7) みゆきは　なぜ　走って　帰らなかったのですか。【5点】

（(だいじな)本を　ぬらして　しまうから。）

(8) ㋐～㋒は　それぞれ　だれが　言った　ことばですか。【1つ3点・9点】

㋐（みゆき）　㋑（女の子）

㋒（女の子）

(9) ——線㋒は　何を　「つかって　ください」と　言ったのですか。【4点】

（青い　かさ）

(10) □に　入る　ことばを　一つ　えらび、○で　かこみなさい。【4点】

あの　その　(この)　どの

★まだ　女の子が　かさを　もって　いるので　「この」に　なります。

★(7)「手のひらが、とつぜん　くすぐったくなりました。」から、ゆめが　さめて　います。

2 つぎの　文しょうを　読んで、後の　もんだいに　答えなさい。

さとしの　家では、ゴンベと　いう　名前の　犬を　かって　います。ゴンベは、毎朝　五時ごろに　なると、大声で　ワンワン　ほえて、さん歩を　さいそくします。さとしも、さとしの　お姉さんも、ゴンベの　ことは　大すきなのですが、早朝の　さん歩を　毎日　つづけるのは　やはり　たいへんです。そこで　㋐二人は　そうだんを　して、一日ずつ　交たいで、ゴンベを　さん歩に　つれていく　ことに　きめました。

㋑その　日は、さとしが　㋒当番でした。

「せっかくの　日曜日なのに　めんどうだなあ。」

さとしは　ぶつぶつと　もんくを　言って、大きな　あくびを　しました。ゴンベは　㋓さとしの　気もちも　知らないで　うれしそうに　しっぽを　ふりながら　歩いて　います。草花の　においが　すきなのか、ときどき立ち止まっては、道の　よこに　さいて　いる　たんぽぽや　れんげなどに　㋔はなの　頭を　くっつけて　います。

「こら、早く　歩いて　くれよ。」

㋕ゆうべ　おそくまで　テレビを　見て　いた　せいか、さとしは　ねむくて　たまりませんでした。そこで、もう　一ど　大きな　あくびを　しました。

町はずれの　公園まで　来ると、ゴンベは　くさりを　引っぱるようにして、さとしを　中へ　あん内　しました。

145

「公園で　あそぶ　つもりかい。」

さとしが　くさりを　はずして　やると、ゴンベは　しっぽを　大きく　ふりながら、すべり台の　ほうへかけて　行きました。さとしは　三つ目の　あくびを　すると、すべり台の　よこに　ある　ベンチに　こしを　おろしました。そして、ぼんやりと　した　目で、ゴンベを　見ました。

すべり台の　上に　かけ上がった　ゴンベは、さとしが　㋖こちらを　見て　いるのに　気づくと、とつぜん　サーカスの　くまのように　さか立ちを　はじめました。さとしは　びっくりして　ベンチから　立ち上がりました。

「ゴンベ、すごいぞ。」

ゴンベは　とくいそうに　ワンと　ほえて、さか立ちを　したまま、すべり台の　かいだんを　おりました。そして、つぎに　てつぼうの　ところへ　行くと、とび上がって、ぼうに　ぶらさがりました。さとしが　㋗口をあけたまま　見て　いると、すごい　早さで　前回りを　はじめました。

「すごいぞ、すごいぞ。」

手を　たたこうと　すると、手のひらが、とつぜん　くすぐったくなりました　目を　さますと、ゴンベが　さとしの　手の　ひらをなめて　いました。どうやら　ベンチの　上で　いねむりを　してしまったようです。

146

(1) ――線㋐の「二人」とは、だれと　だれの　ことですか。【1つ5点・10点】

（さとし）と（お姉さん）

(2) ――線㋑の「その日」とは、いつの　ことですか。【5点】

（日曜日）

(3) ――線㋒の「当番」は　何の「当番」ですか。【5点】

（ゴンベを　さんぽに　つれて　いく　当番）

(4) ――線㋓の「さとしの　気もち」とは　どんな「気もち」ですか。【5点】

（めんどうだ）

(5) ――線㋔で「はなの　頭を　くっつけて」何を　して　いるのですか。【5点】

（においを　かいで　いる。）

(6) ――線㋕の「ゆうべ」と　同じ　いみの　ことばを　つぎの　中から　一つ　えらんで、○を　つけなさい。【5点】

（○）きのうの　夜
（　）今日の　朝
（　）今日の　夜

(7) ゆめの　中の　ことが　書かれて　いるのは　どこからですか。はじめの　五文字を　書きなさい。【5点】

すべり台の

(8) ――線㋖の「こちら」とは　どちらですか。【5点】

（ゴンベの　ほう（すべり台の　上））

(9) ――線㋗の「口を　あけたまま」と　いう　ことばから　どんな　ことが　わかりますか。【5点】

（おどろいて　いる（びっくり　している））

147

★ぽんすけ家ぞくの　それぞれの　場面の　心じょうを　読みとりましょう。

リビューテスト 8

時間 10分　得点 ／100

■ つぎの　文しょうを　読んで、後の　もんだいに　答えなさい。

「ぽんすけ、体に　気を　つけるんですよ。」

お母さんは、ぽんすけの　せなかに　おべんとうの　入った　ふくろを　くくりつけて　やりながら　言いました。

「人間の　すんで　いる　ところには　近づくんじゃないぞ。てっぽうで　うたれて　しまうからな。」

と　お父さんも　ぽんすけに　言いました。妹のぽん子は、ぽんすけの　手を　つかんで、

「お兄ちゃん、きっと　帰って　きてね。かわいい　およめさんを　見つけて、早く　いっしょに　帰ってきてね。」

と　言いました。


「だいじょうぶだよ。」

と、ぽんすけは　おなかを　ポコンと　たたいて　言いました。

「きっと　かわいい　およめさんを　つれて　帰ってくるよ。」←あ
ぽんすけは、家ぞくに　元気よく　手を　ふって、ゆっくりと　山を　おりて　いきました。

ぽんすけの　生まれた　たぬき村が　だんだん　遠く　なって　いきます。さあ、これから　たびが　はじまるのです。道ばたに　さいて　いる　たんぽぽも　風に　ゆれながら、がんばれと　㋐はげまして　くれました。

一つ目の　山を　こえました。およめさんを　見つけるには、あと　五つの　山を　こえなければ　なりません。ぽんすけは　ひと休みする　ことに　しました。せなかの　ふくろを　おろすと、お母さんが　つくって　くれた　おべんとうを　とり出しました。㋑その　とき、木の　間から　年を　とった　きつねが　ひょっこり　顔を　出しました。

「たぬきくん　㋒おいしそうな　ものを　もって　いるね。」←い

(1) ぽんすけは　何の　名前ですか。【8点】
（ たぬき ）

(2) ぽんすけの　家ぞくを　書きなさい。【1つ4点・12点】
（ お父さん ）（ お母さん ）

（ 妹（ぽん子） ）

(3) ぽんすけは　せなかに　何を　くくりつけて　いますか。【10点】
（ おべんとうの　入った　ふくろ ）

(4) ぽんすけは　なぜ　たびに　出たのですか。【10点】
（ およめさん ）を
（ 見つける ）ため。

(5) 家ぞくは　どんな　気もちで　見おくりましたか。いちばん　よい　ものに　○を　つけなさい。【10点】
（　）うれしい
（　）さびしい
（ ○ ）心ぱい

(6) あと　いは、それぞれ　だれが　言った　ことばですか。【1つ10点・20点】
あ（ ぽんすけ ）い（ きつね ）

(7) ――線㋐で、「はげまして」と　ありますが、だれを　はげましたのですか。【10点】
（ ぽんすけ ）

(8) ――線㋑の「その　とき」とは　どんな　ときですか。【10点】
（（ぽんすけが）おべんとうを　とり出した　とき）

(9) ――線㋒の「おいしそうな　もの」とは　何ですか。【10点】
（（お母さんが　つくってくれた）おべんとう）

★「さびしい」きもちも　ありますが、いちばん　よいものを　えらぶので　「心ぱい」になります。

総合実力テスト 1

時間 20分　得点 ／100

漢字やかたかなの正しい書き方、句読点などの正しい用い方の復習を兼ねながら、総合的に力ためしする。また長い物語文の読解力を確認し、さらに大きな自信をつける。

1 つぎの じゅく語の 読み方を 書きなさい。【1つ1点・10点】

① 会場（かいじょう）　② 船長（せんちょう）
③ 書道（しょどう）　④ 半分（はんぶん）
⑤ 父母（ふぼ）　⑥ 通行（つうこう）
⑦ 東西（とうざい）　⑧ 草原（そうげん（くさはら））
⑨ 外来（がいらい）　⑩ 木工（もっこう）

★⑩「木工」→「もっこう」と つまった 音に なります。

2 つぎの かたかなを ひらがなで、ひらがなを かたかなで 書きなさい。【1つ2点・8点】

① ゾーキン（ぞうきん）
② ヨーチエン（ようちえん）
③ しょっぴんぐせんたあ（ショッピングセンター）
④ ばすけっとぼうる（バスケットボール）

3 かなづかいに 気を つけて、つぎの ことばを 二つに 分けなさい。【1つ4点・12点】

① あまがさ（あめ）＋（かさ）
② ながばなし（ながい）＋（はなし）
③ あるきつづける（あるく）＋（つづける）

★『あめ』→『あま』と かわります。

4 つぎの 文を 正しい かなづかいで 書き直しなさい。【1つ4点・12点】

① ぼくわ ていねいに おれえを 言いました。
（ぼくは ていねいに おれいを 言いました。）

② おうぜいの 人たちが おうどうりに いた。
（おおぜいの 人たちが おおどおりに いた。）

③ 少しづつ はなじが 止まってきた。
（少しずつ はなぢが 止まって きた。）

5 つぎの 文に「。二つ・、一つ・「」一組」の ふごうを つけて 書き直しなさい。【10点】

にわで あそんで いたら こんにちは と おばさんが 顔を 出しました

（にわで あそんでいたら、「こんにちは。」と、おばさんが 顔を 出しました。）

6 （ ）の 中に 入る ことばを □から えらんで、記ごうで 書き入れなさい。【1つ2点・10点】

（ウ）に なったので、（エ）する ことに しました。（オ）の 下に（ア）を おろして、（イ）を 食べました。

ア こし　イ おべんとう　ウ お昼
エ ひとやすみ　オ 木

7 つぎの 文しょうを 読んで、後の もんだいに 答えなさい。

ア今夜は クリスマスイブです。ハンスは びょう気で ねこんで いる イ母親の ために、なんとか おいしい ごちそうを 作って やりたいと 思いました。でも、まずしい ハンスの ウ家には、もう 何も エ食べる ものが ありません。がっかりした ハンスは、とぼとぼと 鳥ごやまで 歩いて 行きました。

鳥ごやの 中には、七めん鳥が 一羽 いるだけでした。それは、ハンスが「タック」と 名づけ、今まで あ自分の 子どものように かわいがって いた だいじな 七めん鳥でした。

「ごめんよ。クリスマスだと いうのに 何も 食べる ものが ないんだ。お母さんの ために、きみを りょうりさせて おくれ。」

タックは おどろきました。まるで お父さんのように やさしかった ハンスが い自分を 食べて しまおうと して いるのですから。

タックは、ハンスが 鳥ごやの かぎを あけた すきに、外へ にげ出しました。

「タック、まって くれ」――★

ハンスの オ声を 遠くに 聞きながら、タックは いちもくさんに にげました。そして、となりの 村まで 行くと、いちばん はじめに 見つけた 家に とびこみました。

①その 家の 中では、おばあさんが、台どころで スープの なべを かきまわして いました。

おばあさんは タックに、「どう したんだい。」と 言い、タックは ②わけを 話しました。

「それは かわいそうに。」――☆

おばあさんは、カ戸だなの なべを とり出すと、タックに、

「この 中に かくれなさい。」と すすめました。

(1) ア〜カの 読み方を 書きなさい。【1つ2点・12点】

ア（こんや）　イ（ははおや）
ウ（いえ）　エ（た）
オ（こえ）　カ（と）

(2) いつの お話ですか。【2点】

（クリスマスイブ）

(3) ★と ☆は、それぞれ だれが 言った ことばですか。【1つ2点・4点】

★……（ハンス）
☆……（おばあさん）

(4) ハンスは 七めん鳥を どう する つもりだったのですか。【5点】

（（クリスマスの ごちそうに）りょうりして、母親に 食べさせる。）

(5) ――線あと いの「自分」とは、それぞれ だれの ことですか。【1つ2点・4点】

あ……（ハンス）
い……（タック（七めん鳥））

(6) 〜〜線①の「その 家」とは、どの 家の ことですか。【5点】

（となりの 村で、いちばん はじめに 見つけた 家）

(7) 〜〜線②の「わけを 話しました」とは、タックは だれに、どんな わけを 話しましたか。【1つ3点・6点】

・だれに……（おばあさん）

・わけ
（ハンスの ところから にげ出した わけ）
（おばあさんの 家に とびこんだ わけ）

★20行目の ハンスが「タック、まって くれ」と 言った ときの ハンスの 気もちを 考えてみましょう。

総合実力テスト ２

時間 20分　得点 ／100

漢字の画数や送りがななどの理解度を確認し、正しいことばづかいができるかどうかを総合的に力だめしする。また長い説明文を読んであらゆる方面からの設問に答え、二年国語力の仕上げをする。

1 つぎの ―線を 引いた ことばを かん字と おくりがなで（ ）に 書き直しなさい。【1つ3点・9点】

① わたしたちは おなじ ぼうしを かぶって います。（同じ）

② 数が すくないと いって おこらないように。（少ない）

③ よく かんがえてから、どちらかを えらびなさい。（考えて）

2 つぎの かん字は 何画で 書きますか。（ ）に 数字で 答えなさい。【1つ2点・10点】

① 原（10）　② 切（4）　③ 夜（8）　④ 遠（13）　⑤ 曜（18）

3 書きじゅんの 正しいほうに ○を つけなさい。【1つ2点・8点】

① 船　㋐（ ）ノ 丿 冂 舟 舟 舟 船　㋑（○）ノ 丿 冂 冂 冃 舟 船

② 点　㋐（○）丨 ト ⺊ 占 占 点　㋑（ ）一 ト ⺊ 占 占 点

③ 方　㋐（ ）丶 亠 ナ 方　㋑（○）丶 亠 亐 方

④ 画　㋐（○）一 丆 冂 币 亩 画　㋑（ ）一 丅 亓 币 亩 画

★どんな ときに つかう あいさつかを よく 考えましょう!!

4 つぎの とき どんな あいさつを しますか。れいに ならって 書きなさい。【1つ3点・15点】

れい 家から 学校に 行く とき。（いってきます。）

① 朝、先生に 会った とき。（おはようございます。）

② ごはんを 食べる とき。（いただきます。）

③ 夜、となりの 家へ 行った とき。（こんばんは。）

④ 家に おきゃくさんが 来られた とき。（いらっしゃい(ませ)）

⑤ 夕方、ともだちと わかれる とき。（さようなら。）

5 つぎの ―線を 引いた ことばを ていねいな 言い方に 直しなさい。【1つ3点・9点】

① おばさんも 休め。（お休み ください。）（お休みに なって ください）

② 先生が それを 読んで くれた。（読んで くださった。）（読んで くださいました。）

③ おじさんは そう 言った。（おっしゃった。）（いわれた。おっしゃいました。）

6 つぎの 文を 正しい ことばづかいで 書き直しなさい。【5点】

ぼくは それを めしあがった あとで、先生が 来るのを おまちに なった。

（ぼくは それを 食べた（いただいた） あとで、先生が 来られるのを（いらっしゃるのを）おまちした。（まちました。））

7 つぎの 文しょうを 読んで、後の もんだいに 答えなさい。

ほとんどの 魚たちは、たまごを うむと、あとの せわを しません。

しかし、中には、うんだ たまごを だいじに まもる 魚も います。それらの 魚たちは、たまごが かえるまで いろいろな やり方で ㋐番を します。

いそに いる しまはぜの めすは、海の そこに いる かきの からの 中に 入って たまごを うみます。その あと、おすが からの 中に とどまって、たまごが かえるまで 番を します。

しおの うすい 水の 中に すむ たなごは、めすが 長い さんらんかんで、生きて いる からすがいの 水かんの 中に、たまごを うみつけます。こうして おけば、ほかの 魚たちに たまごを 食べられて しまう 心ぱいが ないからです。

てんじくだいや ねんぶつだいは、口の 中に たまごを ふくんで そだてて います。なまずの なかまにも 口の 中に たまごや 小魚を 入れて そだてる ものが います。これらの 魚たちは、たまごが かえるまで、えさを 食べられません。

たつのおとしごの おすは、おなかに 子どもを そだてる ための「いくじのう」と いう ふくろを もって います。そして、めすは その 中に たまごを うみます。うみつけられた たまごは、㋑その 中で まもられながら 大きくなり、やがて、一ぴきずつ 水中に およぎ出して いきます。

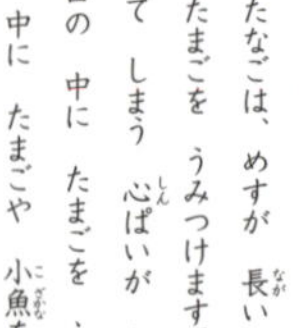

★「たまごを どこに どうするのか」をしっかり 読みとりましょう!!

(1) どんな 魚に ついて、せつ明を して いますか。【6点】

（うんだ たまごを だいじに まもる 魚）

(2) ―線㋐で 魚たちは 何の「番」を するのですか。【6点】

（たまご）

(3) つぎの 文は、しまはぜが たまごを うんで そだてる までを 書いた ものです。□の 中に 正しい ことばを 入れなさい。【1つ2点・8点】

① めすは、海の［そこ］に いる かきの［から］の 中に 入って たまごを うみます。

② おすは［から］の 中に とどまって、［たまごが かえる］まで 番を します。

(4) たなごは どこに たまごを うみつけますか。【6点】

［（生きて いる）からすがい］の 水かんの 中

(5) たなごが (4)の 答えの ところに たまごを うむ わけを 書きなさい。【6点】

（ほかの 魚たちに たまごを 食べられて しまう 心ぱいが ないから。）

(6) 口の 中に たまごを ふくんで そだてる ものには、どんな 魚が いますか。【1つ2点・6点】

（てんじくだい）（ねんぶつだい）（なまずの なかま）

(7) ―線㋑の「その 中」とは、何の 中ですか。【6点】

（いくじのう）

最レベ（最高レベル）
しょうがく社

最レベ学力テスト

（第一回）小二国語 ❶

●保護者の方へ…テスト範囲
この問題集の2ページから47ページまでを学習してから、実施してください。

時間30分　得点　/100

答えは　すべて　解答用紙に　書きなさい。

1

(1) つぎの　——線の　かん字の　読みがなを　書きなさい。

① いつも　姉と　学校へ　行く。

② 春休みが　おわった。

③ 図書かんで　本を　読む。

④ うちの　犬は　弱虫です。

(2) つぎの　——線の　ひらがなを　かん字で　書きなさい。

⑤ 母は　えが　とくいだ。

⑥ 大きな　ふねに　のりたい。

⑦ きょうしつに　あつまる。

⑧ とても　なかの　よい　きょうだいだ。

2

(1) かなづかいの　正しい　ものを　えらび、記ごうで　答えなさい。

⑨ ア・ねいさん　イ・ねえさん

⑩ ア・めずらしい　イ・めづらしい

(2) つぎの　いみに　なるように、正しい　ものを　えらび、記ごうで　答えなさい。

⑪ かわいがって、めんどうを　みる。
目を　ア・くばる　イ・かける　ウ・つぶる

⑫ 口数が　少ない。むロだ。
口が　ア・すべる　イ・へらない　ウ・おもい

3 つぎの　□に　ぴったり　あう　つなぎことばを　ひらがなで　入れなさい。

⑬ いちごは　すきだ □、みかんは　きらいだ。

⑭ さむく　なった □、セーターを　きました。

⑮ ケーキを　食べますか。□、プリンを　食べますか。

⑯ バスに　間に　合った。□、家を　早く　出たからです。

うらにも　もんだいが　あります。

4 つぎの 文しょうを 読んで、あとの 問いに 答えなさい。

めいちゃん、お元気ですか。わたしは、元気です。めいちゃんが 引っこしてから 一か月 たちますね。新しい 学校は もう なれましたか。わたしは、㋐朝 いっしょに 学校へ 行く 人が いなく なったので、毎日 さびしいです。二年生に なって、たんにんの 先生が あやべ先生に なりました。めいちゃんの すきだった 先生です。あやべ先生は、いつも にこにこして いて やさしいですね。めいちゃんの 学校には、どんな 先生が いますか。よかったら おへんじ ください。では さようなら。

四月二十六日　林 まゆより

前川 めいさまへ

まゆちゃん、お手紙 ありがとう。わたしは、新しい 学校でも 元気に して います。わたしの 先生は、男の いのうえ先生と いいます。体いくが とくいで、大きな 声で 話します。友だちも できましたが、まゆちゃんに 会えなくて さびしいです。だから、また お手紙 ください ね。さようなら。

四月三十日　前川 めいより

林 まゆさまへ

⑰ めいちゃんは 何月に 引っこしましたか。かん字で 書きなさい。

□月

⑱ ——線㋐とは、だれの ことですか。

（　　　　　　）

⑲ まゆちゃんが めいちゃんに たずねて いる ことが いくつか あります。いくつ ありますか。かん字で 書きなさい。

□つ

⑳ この 文しょうに 合う もの すべてに ○を つけなさい。

(ア) まゆちゃんは 新しい 学校に なれた。
(イ) めいちゃんの 先生は 声が 大きい。
(ウ) めいちゃんは 一年生の とき、あやべ先生が すきだった。
(エ) まゆちゃんは たんにんの 先生が かわったので さびしい。

うらにも もんだいが あります。

きりとり線

5 つぎの 文しょうを 読んで あとの 問いに 答えなさい。

どんどこ山に 大おにが いると いう (あ)うわさは、のどか森の サルたちの 間に たちまち 広がりました。とくに、うわさずきの 子ザルたちは、

「知って いるか。どんどこ山の 大おには、雲を つかむほどの せの 高さらしいぞ。」

「知って いるとも。足は どんな 大木より 太く、うでは 大岩みたいに かたいそうだ。」

「サルを 見たら つかまえて 食うらしいぞ。」

と、あつまれば 大おにの 話ばかりを して いたのです。そこで 子ザルの ちびすけも、みんなの 話に [ア]を かたむけながら、こんな ふうに 思いました。

「そんな かいぶつには 会いたく ないな。ぜったい どんどこ山には 行かないで おこう。」

ところが ある日、ちびすけは どうしても どんどこ山へ 行かなくては ならない 用が できました。お母さんが、足に けがを して しまったからです。けがに きく くすりの 草は、どんどこ山の てっぺんにしか 生えて いません。そして、山の てっぺんには、大おにが すんで いると いう 岩あなも ありました。だから、ちびすけは 心の 中で、

「どうか 大おにに 会いませんように。」

と、いのりながら 山に のぼったのです。

ちびすけが 山の てっぺんに ついた とき、日は 西の 海に しずみかかって いました。まっくらに なって 何も 見えなく なる 前に、くすりの 草を つんで しまおうと ちびすけは いそぎました。そのため、むちゅうに なりすぎた ちびすけは、うっかりと 岩あなの 前まで 来て しまったのです。

その とき どしん どしんと 地めんが ゆれて、岩あなから 小山のように 大きな おにが 出てきました。その 体は、どんな くらやみよりも 黒く、二つの 目は みどり色に 光って います。ちびすけは、その おそろしい すがたを 一目 見て [イ]を ぬかし、二目 見て 気を うしなって しまいました。

ところが、大おにの ほうも、たおれた ちびすけを 見て、とても あわてました。

「ああ、うごかなく なって しまった。わたしの せいだ。しんで しまったら どうしよう。」

そう 思った 大おには、ちびすけを そっと かかえると、岩あなの 中に もどって 行きました。もちろん 食べるためでは ありません。気を うしなった ちびすけを かんびょうするためです。

うすぐらい 岩あなの 中で、大おには [ウ]を かかえて いました。自分の おそろしい すがたが、みんなを こわがらせる ことは よく わかって いました。だから、[い]だけ 外出するように 気を つけて いたのに、また 子ザルを しぬほど こわがらせて しまったのです。この ことは、大おにを とても かなしませました。

もんだいは つぎの ページに あります。◇◇◇ 答えは すべて 解答用紙に 書きなさい。

㉑ ――線あの うわさとは、どんな ことですか。十二文字で 書きなさい。

［　　　　　　　　　　　　］

［　　　］こと

㉒ 大おにの ことを べつの ことばで 書いた 四文字の ことばが あります。文中から さがして 書きなさい。

［　　　　］

㉓ 大おには どこに すんで いますか。

どんどこ山の［　　　　］に

ある（　　　　）

㉔ ア イ ウに 入る ことばを［　］から えらんで 書きなさい。

ア（　　　　）　イ（　　　　）

ウ（　　　　）

こし・頭・耳

㉕ たおれた ちびすけを 見た ときの 大おにの 気もちに もっとも 近い 文の 記ごうに ○を つけなさい。

（ア）気を うしなうなんて、よわい やつだな。

（イ）へんな サルが やってきたな。

（ウ）おどろかすつもりは なかった。わるい ことを したな。

（エ）かんびょうしたら、こわがらないで いてくれるかな。

㉖ いに 入る もっとも よい ことばを ○で かこみなさい。

（朝・昼・夜）

㉗ この 文しょうに 合うものに ○を、合わないものに ×を 記ごうに つけなさい。

（ア）ちびすけは どんどこ山に 行くのが こわかった。

（イ）ちびすけが 会った 大おには、うわさと まったく おなじだった。

（ウ）大おには、自分の すがたが おそろしいと 知って いた。

（エ）大おには、ちびすけを びっくりさせるため、岩あなから 出てきた。

もんだいの 文しょうは 前のページに あります。◇◇◇ おわったら すべてを 見直しましょう。

きりとり線

最レベ学力テスト（第一回）小二国語 ⑤ 解答用紙

きりとり線

得点

/100

1

(1)

① 姉 ②春休み（み）

③ 図書かん（かん） ④ 弱虫

(2)

⑤ え ⑥ ふね

⑦ きょうしつ ⑧ きょうだい

2

(1) ⑨ ⑩

(2) ⑪ ⑫

3

⑬ ⑭ ⑮ ⑯

4

⑰ 月

⑱

⑲ つ

⑳ （ア）・（イ）・（ウ）・（エ）

5

㉑ こと

㉒

㉓ どんどこ山の　に　ある（　）

㉔ ア（　） イ（　） ウ（　）

㉕ （ア）・（イ）・（ウ）・（エ）

㉖ 朝（あさ）・昼（ひる）・夜（よる）

㉗ （ア）・（イ）・（ウ）・（エ）

小計

①～⑧ 3点× ＝

⑨～㉗ 4点× ＝

きりとり線

1

(1)
- ① あね（姉）
- ② はるやすみ（春休み）
- ③ としょかん（図書かん）
- ④ よわむし（弱虫）

(2)
- ⑤ 絵（え）
- ⑥ 船（ふね）
- ⑦ 教室（きょうしつ）
- ⑧ 兄弟（きょうだい）

2

(1)
- ⑨ イ
- ⑩ ア

(2)
- ⑪ イ
- ⑫ ウ

3

- ⑬ が
- ⑭ から（ので）
- ⑮ それとも（あるいは もしくは）
- ⑯ なぜなら

4

- ⑰ 三月
- ⑱ めい（ちゃん）（前川めい）
- ⑲ 三つ
- ⑳（完答） ア・㋑・㋒・エ

5

- ㉑ どんどこ山に大お にがいる こと
- ㉒ かいぶつ
- ㉓（完答） どんどこ山の てっぺん に ある（岩あな（の中））
- ㉔（完答） ア（耳） イ（こし） ウ（頭）
- ㉕ ア・イ・㋒・エ
- ㉖ 朝・昼・㊰（夜）
- ㉗（完答） ㋐・✕・㋒・✕

小計
①〜⑧ 3点× ＝
⑨〜㉗ 4点× ＝

最レベ（最高レベル）
しょうがく社

最レベ学力テスト（第二回）小二国語 ❶

●保護者の方へ…テスト範囲
この問題集の62ページから157ページまでを学習してから、実施してください。

時間30分　得点　/100

答えは　すべて　解答用紙に　書きなさい。

1

(1) つぎの　――線の　かん字の　読みがなを　書きなさい。

① 前後を　よく　見て　わたりましょう。

② きのうは　新米を　食べた。

③ 昼ごはんは　カレーライスだった。

④ この　文に　読点を　つけなさい。

(2) つぎの　――線の　ひらがなを　かん字で　書きなさい。ただし、おくりがなが　いる　ものは　おくりがなも　書きなさい。

⑤ 七時に　家に　かえりました。

⑥ ひろばで　あそぶ　やくそくを　した。

⑦ こんどの　遠足が　たのしみだ。

⑧ この　道は　つうこうどめだ。

2

――線の　ことばを、文に　ふさわしい　言い方に　して、□に　ひらがなで　書きなおしなさい。

⑨ 先生、えんぴつを　かしてちょうだい。

か□□□□□□。

⑩ ぼくが　校長先生に　言った。

も□□□□□□□。

3

(1) つぎの　文を　□の　中の　三つの　なかまに　わけて、その　記ごうを　書きなさい。

なにが　どんなだ→ア
なにが　どうする→イ
なにが　なんだ→ウ

⑪（　）これは　ぼくの　けしゴムです。

⑫（　）大きな　花が　きれいに　さいた。

⑬（　）魚つりは　とても　たのしい。

⑭（　）いきなり、すごい　風が　ふいた。

(2)（　）に　あてはまる　「こそあどことば」を　□から　えらんで　書きなさい。

⑮ 川の　むこうの　（　　）町に　すんで　いる。

⑯（　　）へでも　つれて　いって　あげるよ。

これ・どれ・あれ・どこ
そう・あの・それ・この

うらにも　もんだいが　あります。

最レベ学力テストを ✂---きりとり線---✂ に沿って切り取ってご使用ください。

4 つぎの 手紙を 読んで、あとの といに 答えなさい。

お母さん、たん生日 おめでとう。いつも、ぼくたちの ために、りょう理や おそうじ がんばって くれて、本当に ありがとう。ぼくは、わらって いる お母さんが 大すきです。だから、お母さんが 毎日 にこにこできるよう、ぼくも おこられないように がんばりたいと 思います。

それから、たん生日の プレゼントですが、何に しようか、お父さんと そうだんしました。そして、今日一日 お母さんが、自ゆうに できる 時間を 作る ことに しました。せんたくや おそうじ、買いものに りょう理、ぜんぶ ぼくたちが やります。お母さんは、びよう室に 行っても いいし、お友だちと、あそびに 行っても いいですよ。もちろん、家で ごろごろ して いても いいです。

でも、夕食までには かえってきて くださいね。ぼくと お父さんとで、お母さんの すきな ものを 作る 計画を 立てて います。何が できるかは ひみつです。

では、今日は ゆっくり たのしんで ください。

そうたより

お母さんへ

⑰ この 手紙は だれが 書きましたか。

（　　　　）

⑱ 今日は 何の 日ですか。

（　　　　）の（　　　　）

⑲ ～～～線の プレゼントは 何ですか。ひらがなで 書きなさい。

□□□□□ が □□□ に

□□□□□□

⑳ この 手紙で いちばん 言いたかった ことは 何ですか。一つ えらんで 記ごうに ○を つけなさい。

（あ）おこられないように がんばりたい。

（い）お父さんと そうだんして プレゼントを きめた。

（う）今日は ゆっくり たのしんで ほしい。

（え）びよう室に 行って ほしい。

うらにも もんだいが あります。

5 つぎの 文しょうを 読んで、あとの といに 答えなさい。

ミツバチは、花の みつを あつめる こん虫です。そして アリのように、一つの すに 大ぜいの なかまと くらし、それぞれ しごとを うけもって、すの ために はたらきます。ミツバチの このような くらし方を、こん虫の 社会生活と いいます。

ミツバチの すは、小さな 六角形の へやが、たくさん ならんだ 作りに なって います。そこに、一ぴきの 女王バチと、四、五万びきの はたらきバチとで すんで います。はたらきバチも メスですが、たまごを うむ ことは できません。その かわり、すの 外に 出て 花の みつを あつめたり、たまごや 女王バチの 世話を します。だから、㋐わたしたちが 外で 見かける ミツバチは、すべて はたらきバチなのです。

女王バチは、はたらきバチより 体が 大きく、たまごを うむのが しごとです。その ため、すから 一歩も 外に 出ず、一日に だいたい 二千この たまごを うみつづけます。その たまごは、六角形の へやに 一つずつ うみつけられ、大人の ハチに なるまで、そこで そだちます。そして、こうして そだった ハチが、つぎの はたらきバチに なるのです。しかし、王台と よばれる、すの とくべつな 場しょに うみつけられた たまごからは、つぎの 女王バチが そだちます。それは、王台で そだつ よう虫が、ローヤルゼリーと いう とくべつな ミルクを あたえられるからです。

一方、はたらきバチの 体は、女王バチより 小さいですが、みつや 花ふんを あつめやすい 作りに なって います。羽は 遠くまで とべるように じょうぶで、後ろ足は、玉に した 花ふんを はこびやすいように、大きく なって います。［イ］、おなかの 中には、みつを ためておく、みつぶくろが あります。そして、おなかに みつを ためた はたらきバチは、すに かえると、それを べつの ハチに 口うつしで わたします。そして、口うつしで はこばれて いる 間に 花の みつが こくなります。それが すの 中で、ハチミツと して たくわえられるのです。

［ウ］、はたらきバチの しごとの うけもちには、じゅん番が あります。大人の はたらきバチに なって すぐは、すの 中で へやの そうじを します。その後、二、三日は よう虫の 世話を して、十二、三日たつと、体から ろうを 出して、すを 作ります。十八日を すぎた はたらきバチは、すの 入り口で 門番を します。そして、はたらき はじめて 二十一日を すぎると、ようやく、みつを あつめに 外に 出られるように なるのです。

このように して、はたらきバチは しぬまで、すの ために はたらきますが、それは、なかまが 同じ 女王から うまれた 姉妹だからです。ミツバチの すは、一つの 大きな 家ぞくだったのです。

もんだいは つぎの ページに あります。◇◇◇ 答えは すべて 解答用紙に 書きなさい。

㉑ 一つの すに 女王バチは 何びき いますか。

（　　　　）

㉒ はたらきバチと 女王バチに ついて あてはまる ことばを 書きなさい。

どちらも ㋐［　　］で あるが、

㋑［　　　　　　］ことが できるか どうかが ちがう。

㉓ ――線㋐の ミツバチは 大人に なってから 少なくても 何日を すぎた ものですか。よい ものを 一つ えらび、○を つけなさい。

（あ）十二日　（い）十八日

（う）二十一日　（え）三十日

㉔ ［イ］と［ウ］に あてはまる ことばを ［　］の 中から えらび、書きなさい。

［イ］（　　　　）

［ウ］（　　　　）

けれども ・ ところで ・ つまり
また ・ それとも

㉕ ハチミツとは どのような ものですか。

はたらきバチが あつめて きた［　］の

［　　］が、［　　　　］で

はこばれて いる 間に ［　　］なった

もの。

㉖ ミツバチの すは 何で できて いますか。

［　　　　　　］の

体から 出る ［　　］

㉗ 女王バチに ついて、合う ものには ○を、合わない ものに ×を 記ごうに つけなさい。

（あ）一日に 四、五万この たまごを うむ。

（い）とくべつな 場しょで うまれる。

（う）ローヤルゼリーを あたえられて そだった。

（え）花ふんを あつめやすい 体の 作りに なって いる。

きりとり線

もんだいの 文しょうは 前のページに あります。◇◇◇ おわったら すべてを 見直しましょう。

最レベ学力テスト （第二回）小二国語 ⑤ 解答用紙

1

(1)
① 前後
② 新米
③ 昼ごはん　ごはん
④ 読点

(2)
⑤ かえり
⑥ ひろば
⑦ たのしみ
⑧ つうこうどめ

2

⑨ か　　。
⑩ も　　。

3

(1) ⑪ ⑫ ⑬ ⑭
(2) ⑮ ⑯

4

⑰
⑱ （　　）の（　　）
（　　）

5

⑲ □に □が
⑳ （あ）・（い）・（う）・（え）
㉑
㉒ ㋐ ㋑
㉓ （あ）・（い）・（う）・（え）
㉔ イ（　　） ウ（　　）
㉕ はたらきバチが　あつめて　きた □の □が、□で　はこばれて　いる　間(あいだ)に □なった　もの。
㉖ 体(からだ)から　出る □ □の
㉗ （あ）・（い）・（う）・（え）

得点 　/100

小計
①〜⑧ 3点× ＝
⑨〜㉗ 4点× ＝

きりとり線

最レベ学力テスト（第二回）小二国語⑥

解答（かいとう）

1

(1)
① ぜんご　前後
② しんまい　新米
③ ひるごはん　昼ごはん
④ とうてん　読点

(2)
⑤ 帰り　かえり
⑥ 広場　ひろば
⑦ 楽しみ　たのしみ
⑧ 通行止め　つうこうどめ

2

⑨ かしてください。
⑩ もうしあげました。

3

(1)
⑪ ウ
⑫ イ
⑬ ア
⑭ イ

(2)
⑮ あの
⑯ どこ

4

（完答）
⑰ そうた（くん）
⑱ （お母（かあ）さん）の（たん生日（じょうび））

5

（完答）
⑲ おかあさん が じゆう に できるじかん

⑳ （あ）・（い）・（う）・（え）　※（う）に○

㉑ 一ぴき

㉒ （完答）㋐ メス（ハチは不可）　㋑ たまごをうむ

㉓ （あ）・（い）・（う）・（え）　※（う）に○

㉔ （完答）㋑（また）　㋒（ところで）

㉕ （完答）はたらきバチが あつめて きた 花の みつが、口うつしで はこばれて いる 間（あいだ）に こく なった もの。

㉖ （完答）はたらきバチの 体（からだ）から 出る ろう

㉗ （×）・（い）・（う）・（×）　※（い）（う）に○

小計
①～⑧ 3点× ＝
⑨～㉗ 4点× ＝

きりとり線

最レベ（最高レベル）

しょうがく社

最レベ学力テスト

（第三回）小二国語 ❶

●保護者の方へ…テスト範囲

この問題集の2ページから157ページまでを学習してから、実施してください。

時間30分

得点　　　/100

答えは　すべて　解答用紙に　書きなさい。

1

(1) つぎの　――線の　かん字の　よみがなを　書きなさい。

① 星が　きらきら　光って　いる。

② えきの　売店

③ 雪原で　キツネを　見た。

(2) つぎの　――線の　ひらがなを　かん字で　書きなさい。

④ るすばんを　たのまれた。

⑤ ながい　トンネルを　ぬけた。

⑥ しんまいの　ごはんは　おいしい。

(3) つぎの　――線の　ことばを　かん字と　おくりがなで　書きなさい。

⑦ 学校へ　毎日　かよう。

⑧ みずから　すすんで　そうじを　する。

2

（　）に　あてはまる　ことばを　□から　えらんで　記ごうで　書きなさい。

⑨ 川の　むこうぎしに　見える　（　　）はたけは、おじいさんの　ものです。

⑩ あなたが　おとしたのは、赤か　白の　（　　）の　ボールですか。

⑪ （　　）は　母に　もらった　ハンカチです。

⑫ （　　）に　ある　えんぴつを　とって　ください。

㋐ そこ　㋑ どちら　㋒ あの

㋓ これ　㋔ どの

3

つぎの　――線の　ことばを　□に　ぴったり　あうように　ひらがなで　ていねいな　言い方に　なおしなさい。

⑬ 花を　買う。　買□□□。

⑭ また　会おう。　会□□□□□。

⑮ 先生が　言う。　□□□□る。

⑯ おきゃくさまから　もらった。　□□□□た。

うらにも　もんだいが　あります。

きりとり線

最レベ学力テストを ✂ に沿って切り取ってご使用ください。

4 つぎの　文しょうを　読んで、あとの　問いに　答えなさい。

この前、ぼくが　学校から　帰ると、小鳥の　ピー子が　かごの　中で、ぐったり　して　いました。はじめのうち、ぼくは　ピー子が　しんでしまったと　思って、なきそうに　なりました。でも、ぼくの　声が　聞こえたのか、ピー子が　目を　うっすら　あけたのです。㋐それを　見て、ぼくは　ほっと　しました。しかし、ピー子のぐあいが　わるいのに　かわりありません。

そんな　とき、お母さんが　しごとから　帰ってきました。そこで、ぼくは　まっ先に、

「お母さん、たいへん。ピー子が　びょう気なんだ」。

と　言いました。すると、お母さんも　びっくりして、ピー子の　ようすを　見て　くれました。ところが、ピー子を　一目　見た　お母さんは、きびしい　顔に　なって、

「まさや。こんな　あつい　日に、日の　当たる　まどの　そばに　かごを　おいたら、だれだって　［イ］に　なるわ。それに　水も　入って　ないようよ。」

と、ぼくに　言ったのです。そう　いえば、ぼくは　きのうから、ピー子に　水を　やるのを　わすれて　いました。友だちと　あそぶのに　むちゅうだった　からです。ぼくは、㋒ピー子に　本当に　わるいことを　したと、はんせい　しました。

⑰ ぼくの　名前を　答えなさい。

（　　　　）

⑱ ――線㋐とは、何を　見たのですか。

ピー子が　［　］を　［　　　　　　］のを　見た。

⑲ ［イ］に　あてはまる　ことばを　文中から　さがして　書きなさい。

（　　　　）

⑳ ――線㋒とは　どんな　ことですか。よい　ものを　二つ　えらび、記ごうに　○を　つけなさい。

（あ）ピー子を　しなせた　こと。

（い）日の　当たる　まどの　そばに　かごを　おいた　こと。

（う）ピー子に　水を　やるのを　わすれた　こと。

（え）ピー子と　あそぶのに　むちゅうだった　こと。

うらにも　もんだいが　あります。

5 つぎの 文しょうを 読んで あとの 問いに 答えなさい。

1みなさんは、夏に、海で あそんだ ことが ありますよね。でも、海が 本当は、どんな ところか 知って いますか。

2海で およぐと、その 水が とても しおからいのに 気が つきます。プールの 水とは 大ちがいです。それは、海の 水に、しおが やく 三パーセントも、ふくまれて いるからです。わたしたちが 食べて いる しおは、このような 海水に とけて いる しおを、とり出した ものです。また、海の 水は、わたしたちの 体を うかせ、およぎやすく する 力も もって います。しお水は、ふつうの 水よりも、ものを うかせる 力が 強いからです。㋐<u>海で およぐと、上手に なった 気が するのは</u>、その せいです。

3［ イ ］、海の 水は、わたしたちの 体とも、かんけいが あります。ちなどの 体の 中の 水分には、海の 水と 同じように しおが ふくまれて いるのです。これは、大むかし、わたしたち 生きものが、海の 中で くらして いた なごりだと いわれて います。

4また、海の 水は、いったん あたたまると、さめにくい せいしつが あります。その ため、昼に ねつを たくわえた 海水は、夜 ひえてきた まわりの 空気を、あたためる やく目を します。それから、一年中 太ように てらされる 場しょでは、ねつを たくわえた 海水は、北や 南の さむい 地いきに ながれて いって、そこの 空気を あたためて います。このように、海は、きょくたんな［☆］さ［★］さを やわらげ、つりあいを とる やくわりも して いるのです。

5［ ウ ］、みなさんは、海の そこが どう なって いるか 考えた ことは ありますか。海の そこは、とても ふかくて、海めんから だいたい 三千メートルから 六千メートル 下に あります。そして そこは、プールみたいに たいらでは なく、でこぼこ して います。海山と よばれる、千メートル いじょうの 高さの 山や、海こうと いう、六千メートルから 一万メートルもの ふかさの 谷などが あるからです。また、海山の 中には 火山も あり、ときどき 海の 中で ふん火する ことも あります。その ほか、海の そこには、海山の つらなった 海てい山みゃく（海れい）や、それらに かこまれた くぼ地（海ぼん）なども、見る ことが できます。

6わたしたちは、これらの 山や 谷に 名前を つけて、地図を 作って います。しかし、海は とても 大きくて ふかいので、すべてが 分かって いる わけでは ありません。海の すみずみまで しらべつくすには、もう 少し 時間が かかるでしょう。

もんだいは つぎの ページに あります。◇ ◇ ◇ 答えは すべて 解答用紙に 書きなさい。

㉑ わたしたちが 食べて いる しおは 何から とり出して いますか。かん字 二字で 書きなさい。

[　　]

㉒ ――線㋐と ありますが、なぜですか。

海水は [　　　] の 水よりも [　　]
[　　　　　] 力が 強い [　　]
[　] で あるから。

㉓ [イ]・[ウ]に あてはまる ことばを えらび、（　）に イか ウの 記ごうを 書き入れなさい。

（　）しかし　（　）ところで
（　）さらに　（　）それとも

㉔ [☆]・[★]に あてはまる ことばを 考えて、ひらがな 二字ずつで 書きなさい。

☆（　　）　★（　　）

㉕ この 文しょうを 三つの まとまりに 分ける とき、三つ目の まとまりは どこから はじまりますか。[1]～[6]の 番ごうで 答えなさい。

（　　）

㉖ つぎの 文は 本文中の どこに 入れるのが よいですか。この 一文の 後に くる 本文の はじめの 四字を 書きぬきなさい。（、や。を ふくみます。）

・海から 出た わたしたちは、体の 中に、もう 一つの 海を もって いたのですね。

[　　　　]

㉗ 文しょうに 書かれて いる ことと 合う ものに ○を、合わない ものに ×を つけなさい。

（あ）海の そこは 海山や 海こうが あり、たいらでは ない。

（い）人間の 体の 中の 水分には しおが ふくまれて いる。

（う）海の 水は あたたまりに くく さめやすい。

（え）海は とても 大きくて ふかいが、すべての 山や 谷を しらべつくして 名前を つけて いる。

もんだいの 文しょうは 前のページに あります。

◇ ◇ ◇

おわったら すべてを 見直しましょう。

最レベ学力テスト（第三回）小二国語⑤

解答用紙

きりとり線

1

(1)
①星
②売店
③雪原

(2)
④るす　るすばん
⑤ながい　い
⑥しんまい

(3)
⑦かよう
⑧みずから

2

⑨
⑩
⑪
⑫

3

⑬買か　。
⑭会あ　。
⑮る。
⑯た。

4

⑰
⑱ピー子が□を　　のを　見た。
⑲
⑳(あ)・(い)・(う)・(え)

5

㉑
㉒海水は□の　水よりも□力が　強い□で　あるから。
㉓（　）しかし（　）ところで（　）さらに（　）それとも
㉔☆　★
㉕
㉖
㉗(あ)・(い)・(う)・(え)

小計

①～⑧3点×　＝

⑨～㉗4点×　＝

得点　/100

しょうがく社

最レベ学力テスト（第三回）小二国語 ⑥

解答(かいとう)用紙(ようし)

得点　　/100

きりとり線

1

(1)
- ① ほし（星）
- ② ばいてん（売店）
- ③ せつげん（雪原）

(2)
- ④ るす 番（るすばん）
- ⑤ 長い（ながい）
- ⑥ 新米（しんまい）

(3)
- ⑦ 通う（かよう）
- ⑧ 自ら（みずから）

2

- ⑨ ウ
- ⑩ イ
- ⑪ エ
- ⑫ ア

3

- ⑬ 買(か)います。
- ⑭ 会(あ)いましょう。
- ⑮ おっしゃる。
- ⑯ いただいた。

4

- ⑰ まさや
- ⑱（完答） ピー子が 目 を うっすらあけた のを 見た。
- ⑲ びょう気
- ⑳（完答） （あ）・ⓘ・ⓤ・（え）　※い・うに〇

5

- ㉑ 海水
- ㉒ 海水(かい)は ふつう の 水よりも ものをうかせる 力が 強(つよ)い しお水 で あるから。
- ㉓（完答） （　）しかし （ウ）ところで　（イ）さらに （　）それとも
- ㉔（完答） ☆ あつ　★ さむ　順不同
- ㉕ 5
- ㉖ また、海
- ㉗ ⓐ・ⓘ・✕（う）・✕（え）　※あ・いに〇

小計

①〜⑧ 3点× ＝

⑨〜㉗ 4点× ＝